# 短歌で読むユング

山口拓夢



田畑書店

# 短歌で読むユング—目次

# はじめに

この本は、ユングの学説を短歌で凝縮しながら、初期の著作から晩年の着地点まで、ユングのことばになるべく忠実に、具体例を豊富に交えて著そうとしたものです。なぜユングを読むのかと言えば、「無意識」の声は人生にとって欠くことのできないものだと考えるからです。

たとえば哲学が比較的、意識の学であるのに対し、ユング心理学は無意識に分け入る学問的な方法を、具体的に示しています。私には、両方あってこそ心というものはより深化するのではないかと思われるのです。

この本では、ユングが試行錯誤して無意識の世界を汲み上げる方法を切り拓いていった、そのプロセスに迫りたいと思います。私自身、意識の学と並行して、夢の意味や心の未知の部分、さらには現実の深みといったものを人生に活かしたいという思いがあり、その渇望を満たしてくれるのがユング心理学なのです。

ユング心理学は、無意識を理論的に説明するという課題に取り組んだ、合理と非合理のぎりぎりの結合点にあります。

それは心という、近づけば近づくほど逃げていく謎を凝視する、果てしない挑戦だと言えます。

長い間、私にとってユングは無意識の扉をひらく決定的な鍵のように思われました。無意識の事実上の発見者フロイトの、ど忘れや言い間違いや、夢の検閲などの心のメカニズムの解明なども魅力的に感じられますが、神話や宗教や夢の深みを手探りで進む思索者ユングのアプローチは、私にはそれ以上に飛び抜けて心惹かれるものがあります。その心の軌跡を、短歌で詠みながら追いたいと思います。


ユング（一八七五〜一九六四）はスイスのケスヴィルに生まれ、フロイトと並んで二十世紀の無意識の心理学をけん引しました。

フロイトが幼児期の願望や心の傷が人生に与える影響を重視したのに対して、ユングは無意識が意識の偏りを補って心の幅を広げるはたらきをすることに力点をおきました。

ユングは人類共通の無意識があると考えて、夢と神話や宗教に現れるイメージを探ったことでも際立っています。

◎一九〇四年のユング

本書で初めに取り上げる『ユング自伝』には、ユングの見た夢を中心に、のちの学説を生むもとになった原体験が生き生きと描かれています。
初期の著作、『自我と無意識』は、ユングの入門書としてふさわしく、意識と無意識の関係、アニマとアニムスのような鍵となる考えの紹介、自分の心理学はどこへ向からのか、といった基本的な話がわかり易く書かれています。ここからユングの世界に入っていけば、本格的な最初の著作『変容の象徴』にも無理なく近づけます。『変容の象徴』では、ある分裂症の女性の手記に出てくる、豊富なイメージと共通するものを、世界中の神話や宗教のなかから掻き集めて、何とかその意味を読み取ろうと試みています。これが心理学を神話や宗教で読みとくユングの世界の出発点となります。

その次に紹介する『分析心理学』も、面白い実例が数多く、夢分析や連想実験なども語られる、ユング心理学の入り口として最適な、親しみやすい講演録です。

そこから、ユングの代表的な理論である元型という考えを書いた文章を編者が集めた『元型論』を紹介します。ユングといえば何はさておき元型というアイディアの提唱者なので、ここは本書のキモとも言える部分です。

この『元型論』と並んで、ユングの代表的な仕事が、続く『タイプ論』です。これは人間の性格を外向型と内向型に分けて、さらにそれぞれを四つに分類をした、性格のタイプの説明です。これはユングの最も一般向けの心理学の仕事と言えるでしょう。

このようにユングの入門から代表的な仕事までを見たあとで、ちょっとマニアックで、出版以来、話題となってきた『赤の書』に踏み出します。これはユングが読者を想定せずに書いた、個人的な覚え書きです。あまりに特殊な自分との対話のための手記なので、かなり奇妙なヴィジョンも語られていますが、その大意がつかめるように紹介してゆきたいと思います。ユングの秘密の内面に触れることができる貴重な記録です。

この時期の危機的な状態があって初めてユングは、数々の学説を打ち出す用意ができたのです。

ユングはこの時期マンダラ的な図形をよく描いていて、後半生でこのマンダラ図と錬金術の心理学的な意味の解明に取り組みます。

『個性化とマンダラ』は、そのマンダラ研究の代表作で、自分の患者が描いたマンダラ的な絵を、いろいろな例の助けを借りて読み解いています。ユングの言うマンダラはひじょうに大まかな分類で、丸に花が描いてある絵なども迷わずマンダラだと言っています。

続いて『現在と未来』のなかのユングによるナチスの説明と、『創造する無意識』というユングの芸術論に迫ります。ユングが批評家としても一級だったことがよくわかります。

次の『ヨブへの答え』は、聖書の読み解きです。ユングは心理学者の立場から、目の覚めるような聖書の読み方を示します。ユダヤ・キリスト教の流れがストーリー性を持って説明されています。

そのあとの『心理学と宗教』はユングの患者の見た夢を例にとって、キリスト教と現代人の心の関係が語られます。

こうしたキリスト教に関する著作に続き、ユングの後半生のライフワークだった錬金術の心理学的な読み方に、『転移の心理学』と『結合の神秘』で分け入ります。それは決してオカルトではなく、真摯なシンボルの意味の探求だと言えます。

続く『自然現象と心の構造』では、意味のある偶然の一致がなぜ起こるのかを徹底的に考え抜いています。いわゆる共時性の心理学を説いた、ユングの行き着いた世界観を垣間見ることのできる本です。

　ユング心理学の総決算として、最後に『アイオーン』という、キリストのイメージを通して、心理学が目指すべき道をユングが語った意欲作を紹介します。


　著作の順番はわかり易いように多少並べ替えましたが、基本的にユングの学説の発展の道のりを短歌で味わいながらたどれるような構成を心がけました。そして深層心理学の歩みが豊富な実例でわかるだけでなく、ユング個人の内面が深まっていく旅を実感していただけるよう心を砕いたつもりです。

　ユング心理学を知りたいけど、原典を読むにはちょっと、とあきらめていた方も、簡潔で単刀直入な短歌で要点を押さえて、気軽に読み進んでいただけると嬉しいです。

　ユングは文章を書くときに、無意識が入り込むのをシャットアウトせず、むしろ積極的にそのひらめきを文章に取り入れて執筆を楽しんだと語っています。

　ユングは無意識を招き入れる達人であり、ユング自身が芸術家肌で、尽きることないイメージの持ち主だったからでしょう、その著作の着想は他に例を見ないほどユニークです。

　そんなユングのインスピレーションを分かち合って、読者の皆さんが短歌を手掛かりにユングの心の軌跡を体感していただけたら幸いです。

# 第一章　入門的な著作

# 『ユング自伝』

## 明るくてお話し好きな母親がときどき深い本音を漏らす

カール・グスタフ・ユングは、スイスの田舎町、ツルガウ州のケスヴィルという町で、一八七五年、七月二十六日に生まれました。ユングの父ポールは牧師でしたが、牧師として自信が持てず、若い頃は文献学者になりたいと思っていましたが、親戚の牧師の遺産を受け継ぐために牧師になった人物です。

ユングの父にとって牧師の仕事は不向きで、いつもいら立っていました。ユングが十五歳ぐらいの頃、信仰に興味を持って父を質問攻めにしましたが、父は通り一遍の教義を説明するだけで、ユングには物足りませんでした。ユングがさらに質問すると、自分にはわからないと答える、誠実ですが頼りない父でした。

それに対してユングの母はふだんはとてもよい人柄で、動物のような気さくさを持ち、料理がうまく、陽気でよく太っていて、聞き上手で話し好きでした。ところがこ

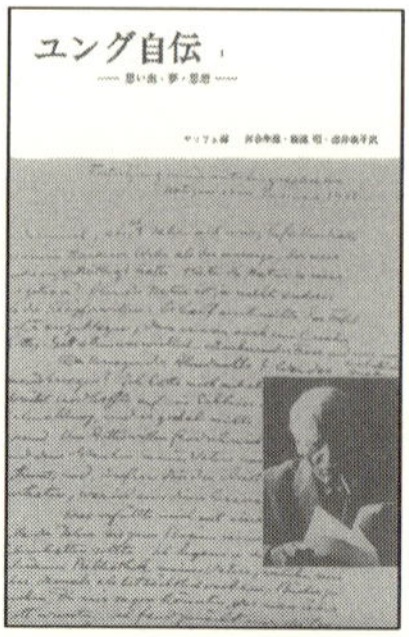


『ユング自伝』ヤッフェ編　河合隼雄・藤縄昭・出井淑子訳（みすず書房刊）

の母は、ふとした気まぐれで一時期、子どもを置いて出ていってしまったこともあり、明るい面のほかに、もう一つの顔を持っていたのでした。それは、思いがけず独り言で本音を口にしてしまうことにあらわれていました。

あるとき少年ユングが近所の金持ちのわがままな子に腹を立てて平手打ちで泣かせてしまいました。その子の親が怒鳴りこんできて、ユングの母は何度も謝ります。そのあとで、ユングを手ひどくしかりつけるけれど、陰で、「あそこの家は子どもをあんなふうに育てるとは最低だよ」と独り言をつぶやくのでした。

そんなふうに母には、悪いことにも良い面があると気づかせてくれるような、本音を鋭く突く一面がありました。ふだんはふつうの母親ですが、時々意外なことをぼそっと言うのです。ユングの父が死んだとき、お前にとってちょうどいい時に亡くなった、と独り言を漏らします。また、ふだんは本の話などしない母が、お前はゲーテの『ファウスト』を読まなくちゃいけない、と言いました。こういう母の本音の部分が時々深い真実を言い当てていることにユングは気づいていました。母親の二面性、いわば心の光と闇に、ユングはこうして触れていました。恐ろしくて優しい母親のイメージや、善悪を兼ね備えた心の必要性といったユングの心理学の特徴が、幼年期の体験から影響を受けていることは、明らかだと言えます。

## 人知れず黒い喪服の人形や丸石を見る秘密を持つ子

幼いユングは内気でいつも一人遊びをしていました。ユングは十歳の頃、ある秘密

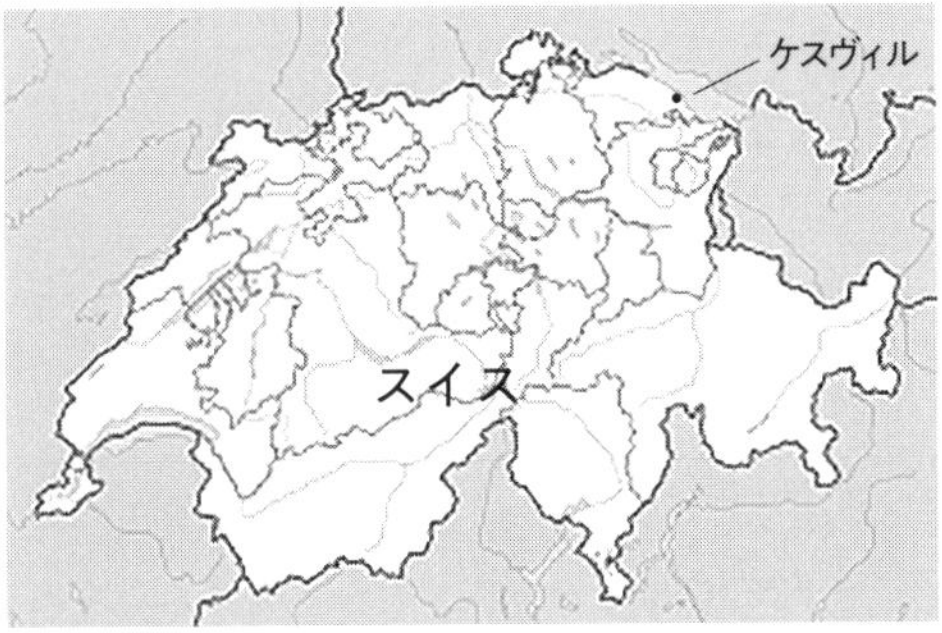


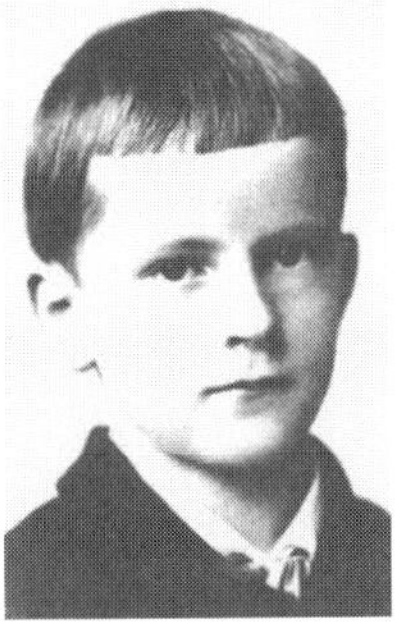
◎幼少時代のユング

を持っていました。木製の定規の端に人形を刻んで、その人形の部分をのこぎりで切り離して、筆箱に入れて持ち歩いていました。それは、フロックコートを着て、山高帽をかぶり、黒い長靴をはいた人形でした。それから川辺で拾った丸い石に色を塗って持ち歩いていました。黒い服の人形と丸い石の入った筆箱を屋根裏部屋に隠して、友人とけんかをしたり、親に怒られたときにそれを見ると気分が安らぎました。子どもが自分らしさを育てるには秘密を持つことが助けになるとユングは言います。この辺りに自分自身との対話を好んだユングの性格がうかがわれます。

話はさかのぼりますが、ユングは三歳の頃、一生忘れられないほど恐ろしい夢を見ました。夢のなかでユングは地下へ続く穴をみつけます。そこから階段を下りていくと、地下室があって、そこには王が座る黄金の椅子がありました。この王座には五メートルぐらいの肉の柱が立っていて、頭の部分に目玉が一つあって、上をみつめていました。ユングが怯《おび》えていると、外から母の声がしました。その声は、よく見てごらん、あれが人喰いよ、と呼びかけていました。のちのユングの考えでは、これはキリスト教の善良な神という一面性を補う無意識が見せた夢でした。三位一体に悪や肉体性を加えるべきだというユングの一貫した主張の始まりがこの頃すでに見てとれます。

また、十二歳の時にいじめられて頭を石にぶつけて気を失いそうになり、その時以来学校に行こうとすると気を失いそうになる発作が起きて、不登校になって、半年以上引きこもっていました。「息子がこのままだと我が家はおしまいだ」と父が話しているのを聞いて、ユングは書斎にこもり、発作をこらえてラテン語の勉強をしました。自分で精神の危機を乗り越えるこの姿勢も、のちのユングを思わせます。

## 手のひらで意識の明かり夜を徹し守る夢見て現実を選ぶ

大学で何を専攻するか迷っていたユングは、ある決定的な夢を見ました。夢のなかでユングは、今にも消えそうな明かりを両手で囲んでいました。大きな人影が追いかけてきました。けれども夜の間、この明かりを守らなければならないことを知っていました。目が覚めると、夢で自分を追ってきた人影は、自分自身であるとわかりました。またこの小さな明かりが自分の意識であり、たいせつに守っていくべきものだと悟りました。

ユングは自分の人格を、「表の私」と「深い私」の二面性で理解していました。「表の私」は現実を生きる生真面目な私です。「深い私」とは世間離れした老いた賢者であり、内面を見つめていて、文学や哲学の世界で生きようとする私です。この、意識の明かりを守る夢をきっかけとして、現実に世間を生きていく意識的な私こそ第一だと考えられるようになり、夢見がちな自分に引きずられることが少なくなりました。内向する自分を捨てることなく、現実的に生きていくことを選び、医学を志して一八九五年、バーゼル大学に入ります。

## 無意識に圧倒された状態の意味を探ってフロイトと会う

卒業後の一九〇〇年、チューリッヒ大学のブルクヘルツリ病院の助手となって、ユングは精神医学の研究をすることになります。精神病患者のことばやふるまいを見ていると、彼らは無意識の内容に乗っ取られて、操られていることがわかってきました。意識が無意識に圧倒されてしまった状態が心の病ではないかと考えます。そんなとき、フロイト（一八五六〜一九三九）の『夢分析』に出会います。ユングはフロイトと文通を重ね、初めて会った時は十三時間も互いの学説を話し合うほどでした。

フロイトを短歌で詠むとすれば、

**欲動を活かして生きる人間は意識の奥へ願望を隠す（フロイト）**

**幼児には近親姦の願いありそれを乗り越え自我を固める（フロイト）**

**無意識に閉じ込められた願望が神経症や夢に噴き出す（フロイト）**

フロイトは、人を突き動かしているのは性的な欲動であると考えました。自我は自分が認めたくない願望を超自我の検閲によって無意識に閉じ込めるとしました。自我を確立し、内面化された父親の掟である超自我を形成するには、異性の親を愛し同性の親を憎むエディプス・コンプレックスの支配する時期を経て、父親に代表される決まりの世界を受け入れる必要があります。無意識的な願望の抑圧が神経症等の症状として現れ、夢や言い間違いや、しくじり行為の形で表面化します。

フロイトとユングは五年間の親しい交際ののち、お互いの意見が合わなくて決別す

◎ジークムント・フロイト

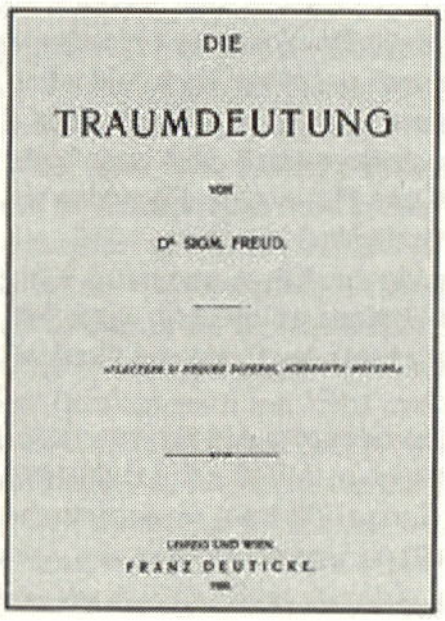


◎『夢分析』（『夢判断』）オリジナルのドイツ版の表紙

ることになりました。ユングはフロイトの性理論に疑いを持ち、フロイトはユングが宗教にモデルを求めて無意識を解釈しすぎるのを警戒したのです。

フロイトの弟子の一人にアドラーがいました。

## 人間は劣等感を乗り越えて自分を磨き社会で輝け（アドラー）

ユングと同じくフロイトと決別したアドラー（一八七〇～一九三七）は、人は劣等感を克服し、できないことより他の能力を発達させ、自分を磨くことで劣等感を補償して、共同体感覚、すなわち社会性を持って、自己実現してゆくべきだと考えました。アドラーの考えでは、人間の根底には権力への意志、他をしのぎたい願望があります。そのため自分に力が足りないと劣等感を抱きます。劣等感を健全に乗り越えて自分の長所を伸ばし、社会のなかで自分を生かして、自分の優越性を追求することがアドラーの心理学の目的です。

◎アルフレッド・アドラー

# 『自我と無意識』

◎『自我と無意識』松代洋一・渡辺学訳（レグルス文庫）

## 無意識が常軌を越えた観念で人を乗っ取る誇大妄想

この書は一九一六年に発表された「無意識の構造」という講演をもとにまとめられています。この時期は、ユングがフロイトの性理論からたもとを分かち、『リビドーの変容と象徴』という、世界の神話や宗教のなかに、分裂症患者の夢や妄想とよく似た普遍的なイメージがみつかることを多くの例を挙げて示した大著を発表したすぐあとに当たります。

この時期、患者の病や夢と病気の経過の観察の途中で出会った集合的な心をどうとらえるかで、ユングの考えは揺れていたように見えます。無意識とは、フロイトが考えるような単なる抑圧された小児的な性的傾向ではないという思いを抱きながらも、患者の夢に現れる集合的な心の影響力の強さに圧倒されそうになるのをこらえているようすが、この本の前半「意識に対する無意識の作用」ではうかがえるのです。ユングが言うには意識的態度が崩壊することは、決して些細なことではありません。すべては原初の混沌に立ち返り、人は放り出され、方向感覚を失います。集合的無意識が人に自分がキリストだと思い込ませたり、幻聴で悩ませたりするからです。一方で患者が理想の父親像を精神科医に投影し、精神科医を理想の父親で恋人だと思い込む「転移」を解消するのに、患者の女性が夢で見た神の姿が役立ったと述べています。医師ではなく、ほんとうは神のような頼れる人を求めているのではないかと患者に気づかせたのです。他方で集合的心が意識を飲み込んでしまう症例を多数挙げて、それによって自我肥大、いわゆる誇大妄想が引き起こされる危険性に注意をうながしています。

## 無意識が覚めた意識の偏りを夢の兆しで暗に補う

けれどもこの本の第二部「個性化」の内容を読むと、「集合的な心、さらに言えば集合的無意識が、意識の偏りをおぎない、補償して、より全体的な心を回復してゆく」というユングの根本思想がすでにはっきりと形をなしているのがよく判ります。集合的無意識が誇大妄想を引き起こす厄介な代物から、意識の一面性を補ってくれる手助け役へと重点が大きく移っているのです。ユングのことばで言えば、「無意識的過程が意識に対して補償的な関係にある」とユングが考えはじめたわけです。

具体的な例で言えば、宗教問題に悩んでいた神学生が夢の中で、白の魔術師と呼ばれる教師に習ったのですが、その教師は黒い服を着ていました。教師は話の続きは黒の魔術師が交代すると言いましたが、その黒の魔術師は白い服を着ていました。この奇妙な夢をユングはこう読み解きました。神学生は人間とは善くあらねばならないという考えに縛られていましたが、最善のものにも悪の種があり、反対に、善いものがそこから生まれてこないような悪もない、というバランス感覚を無意識の過程は夢を通して教えているのではないかとユングは考えました。それは中国の陰と陽から成る太極図のような無意識の知恵を現しています。

　解きがたく思われていた善と悪の問題が、時代と環境に引きずられた一面的な悩みに過ぎず、夢のイメージがより広い普遍的な見方を暗に示して見せたというわけです。その知恵は人の心のなかに生きていて、一面的に発達した意識によって暗く隠されていただけなのです。無意識は、その意味を察したならば、意識の範囲を広げるような内容を、常に意識のほうへ繰り出してくるものだとユングは考えます。

◎太極図

## 「そとづら」の仮面の陰に柔らかな異性の顔を人間は持つ

『自我と無意識』第二部第二章「アニマとアニムス」では、内なる異性のイメージが語られています。他の著作でも繰り返し触れられることになるアニマは男性の内なる女性的部分のイメージであり、アニムスは女性の内なる男性的部分のイメージです。アニマを語る際に、ユングはまず両親のイマーゴ（心像）から始めます。誰でも最初に影響を受けるのは自分の両親であり、両親のことばは力があり、両親の心像は実際の両親とは完全に一致することなく、心のなかに結晶します。祖先崇拝もこれに根を持ち、儒教道徳もここに由来します。けれども成長した男性に、周囲からの影響力として、両親の代わりに登場するのは、女性です。こういうところから、内なる異性像の影響力が語られます。

内なる女性像も、男性の心の女性的部分の結晶化した形なので、実際の女性とは完全には一致しません。ユングは人間の心には先天的な持って生まれた型がいくつもあり、両親、異性像、妻、子ども、生や死といったものの型は生まれつき備わっていると考えています。この考え方が発展してのちに元型論としてユング心理学の中心的な考え方となります。

ユングは先天的なイメージの型があると考える点で、生まれつき持つ観念はなく、白紙の心に経験によって観念が刻まれていくと考えるジョン・ロックとは異なる前提に立っていると言えます。

男性の異性像の結晶アニマは、ペルソナすなわち「そとづら」と結びついています。牧師には牧師という社会的仮面があり、どんな場合にもその役割を演ずることを期待されています。ペルソナとは古代劇の仮面を表すラテン語で、役割を演ずる演劇的な仕掛けという意味が込められています。牧師や教師、職人など人は役割に応じて外的な仮面をかぶり、その役を演ずることを余儀なくされています。けれども人には「そとづら」を外したときの、家での個人的な素顔があり、それはペルソナとはかなりかけ離れています。男性的な外面を持つ人の内なる魂は得てして女性的な部分を多く持ちます。ですから外向きのペルソナと内なるアニマは強く結びついています。

◎ジョン・ロック（一六三二〜一七〇四）の肖像（ゴドフリー・キネラー画）

## 内にある理想の像を投げかけて異性を見るとよく踏み外す

男性のあるべき姿としてのペルソナは、女性的な部分によって補償されています。ペルソナを演ずる一方で、男性は内的には女性的な魂、つまりはアニマを持ちます。このアニマ像は現実の女性に重ね合わされ、投影されます。そこで男性は自分の内なる女性像のフィルターを通して多かれ少なかれ、実際の女性を見ることになります。まじめな大人がじゃじゃ馬の女性に手玉に取られるというようなとき、内なるアニマの強い誘惑の虜になっている可能性はあります。厳格な老高校教師が、旅回りの踊り子に入れあげて破滅する映画『嘆きの天使』（一九三〇年　J・V・スタンバーグ監督）のような話も、その実例と言えます。人は内なるアニマを意識化し、実際の女性とは異なる強力な異性像の結晶であることを自覚しなければいけません。

## 英雄や王子となって現れる男性像の核はアニムス

同じことは女性の内なる男性像アニムスにも当てはまります。アニマが気分を作り出すのに対して、女性の魂の男性的な部分アニムスは意見に偏りがちです。女性の内なる男性像が女性を理論家にしてしまいます。また、（英雄や王子に代表される）内なる男性像の結晶を女性が実際の男性に重ね合わせ、投影することも多少なりともあります。アニマとアニムスは自律化した無意識の型であり、それらを意識化することで無

◎『嘆きの天使』のマレーネ・デートリッヒ

意識の世界と付き合う架け橋となるきっかけともなります。

## 無意識は意識がたとえ困ろうとより幅広い人格へ誘う

『自我と無意識』の第三章「自我とさまざまな無意識像を区別する技術」では、無意識内容と直面し、意識化して人格の幅を広げる方法について語られます。ここで問題となるのは、夢ではなく、目覚めているときに無意識が繰り広げる空想を患者に語らせ、その意味を考える心理学です。

ここでは二つの空想が取り上げられます。一つは内向的でまじめで心因性の抑鬱症に悩む青年の空想です。この青年は自分の婚約者の女性が薄氷の上を歩いて行き、自分はそのあとについて行く空想を見ました。青年は彼女が氷の裂け目に身を投げるのではないかと心配しましたが、そのあと氷は裂け、彼女はその水中に落ちて行きます。彼はそれを引き止めることもできたはずですが、あえて引き止めることはしませんでした。

この空想についてユングは言っています。無意識は意識が困ろうと困るまいとお構いなしに自分の過程（自分の本心）を突きつけてきます。この空想は、あまりに理知的に偏った青年が、自分のアニマを再び無意識の闇に消えてゆくのに任せるだろう、という読みを与えています。婚約者は実際、理知的に過ぎる内向性の青年にとって唯一の世界との情緒的繋がりでした。その繋がりを失ってはいけないことを、この空想は示していました。

無意識が意識に敵対するように見えるときは、無意識は意識が困ろうと困るまいと、ある目標、意識に欠けているものを補償して、人格をより幅広いものにして、人を成長させることを実は目指しているとユングは考えています。

## 空想のなかには人に共通の集合的なイメージもある

もう一つユングが挙げたある女性の語った空想に、ユングは普遍性のあるイメージを見出しています。この女性は山に登り四つの柱の神々の像が自分にもたれかかってくるのを振り払うと、周りを取り囲む火の輪が自分を持ち上げる空想を見ました。ユングによれば、四つの柱の神々の像は心を構成する四つの機能を表していて、そしてそれに打ち克ったことは、四機能との同一化を乗り越えたということであり、円形の炎の輪が心の全体性に近づいたことを示しています。

このような意味づけは当てずっぽうで言っているのではなくて、四の象徴や四角形や円形の表す普遍的な意味を神話や宗教の豊富な事例を背景にして読み解いています。ギリシア神話の四季を表す四人の小人カベイロスのイメージ、プラトンの『ティマイオス』篇*の「ここに三人いるが四人目はどこだ」という台詞、錬金術の完成を示す「四角い円」、エンペドクレスの四元素*などです。そして、このような空想は、人格の全体性を表す普遍的で、個人を超えた集合的なイメージに支えられているとユングは考えています。

アニムス・アニマというコンプレックスを意識化することで乗り越えた者は、次に

**＊プラトンの『ティマイオス』篇**

（前三六〇年頃）

ソクラテスが政治家で哲学者のティマイオスから、宇宙や人間の造り主がいかにしてこの世界を造ったか、そしてこの世界の構成はどのようなものかを聞く、プラトンの対話篇。アトランティス島がその昔あったと語られていることでも有名。

**＊エンペドクレスの四元素**

エンペドクレス（紀元前四九三〜四三三）は「万物は地水火風の四元素が結びついて成り立っている」と説いた。

マナ人格という無意識の型に出会います。マナとはメラネシア語で霊力を指します。マナ人格とは、呪術師や王や英雄のような人並外れた影響力を持った権威者のイメージで、しばしば人はそれと自分を重ね合わせてしまいます。この段階でも未熟な心を克服したとは言えません。マナ人格と自我を切り離して、最後に人格の中心をどこにおくべきでしょうか。

ユングは人格の中心を意識と無意識を統合した、自己というものにおくべきだ、と結論づけます。成熟した人格、無意識と意識の均衡のとれた、懐の深い、自己を中心とした人格へ至ることが人の心の道行きの最終段階だとユングは言うのです。達成された自己のイメージを言い表そうとすると、神のイメージのような宗教的形象へと近づいていきます。人間の心理には宗教的な側面があることに、時折ユングは言い及びます。この方向での探求にユングは生涯にわたって繰り返し取り組むことになります。

# 『変容の象徴』

◎『変容の象徴』野村美紀子訳（ちくま学芸文庫）

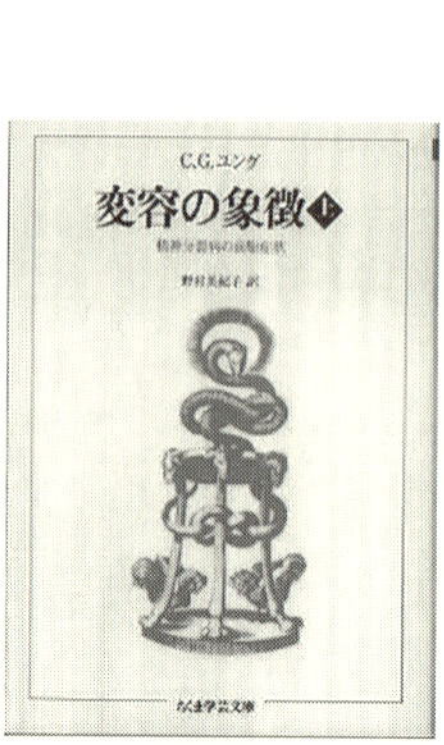


## 心的なエネルギーとは変わりゆく象徴を得て人に知られる

古代ギリシアのオイディプス神話*が現代人の心に形を変えて近親相姦願望として生きていることを明言したフロイトは、神話世界と人間の無意識の糸を白日の下に曝し、現代の街を歩いているときに、突然、古代遺跡に出くわしたような衝撃を現代人に与えました。ユングはその話から始めることで、自分はフロイトの路線を拡張するのであって、踏み外しているのではない、とフロイトを説得するように議論を展開します。フロイトが言わなかった集合的無意識の幅広い象徴をユングは矢継ぎ早に例を挙げて、人間の知られざる無意識のすそ野の広さと普遍性を読者に開示してゆきます。

最初に夢の象徴から話していきますが、ユングによれば、夢はわれわれにはわからない心の部分から生まれ、将来、または当日に起こることの準備にかかっています。そして、夢は一見矛盾した無意味なイメージの連続ですが、翻訳すれば意味のあきら

**＊オイディプス神話**
テバイの王ライオスに捨てられ、コリントスの王子として育ったオイディプスは、自分でも知らずに父ライオスを殺し、母イオカステと結婚し、テバイの王となった。その悲惨な運命に自ら気づく、ソフォクレスの悲劇『オイディプス王』で有名。

かになる素材を含んでいます。
また、古代人は太陽の運動を表すために、翼や手足を太陽に書き加えましたが、このようなイメージ思考は子どもの絵や大人の夢にも現れてきます。象徴を用いて自分の意図を表現する無意識の傾向は、神話、空想、夢に時代を超えて共通しています。論理や因果性によって方向づけられた思考と、自分の本意を象徴を通して語る神話的思考の二つの流れがあることは疑い得ません。

この本はフランク・ミラーという仮名の分裂症患者の手記の神話的、普遍的背景を読み解くために書かれました。けれどもこの本は単にそうした意義にとどまらず、フロイトが言わなかった集合的無意識の幅広い領域の独立性、自律性をユングが当時持てる限りの知識を注ぎ込んで集めた、フロイトへの離反を避けられないものにする決定的な著作でありました。

フランク・ミラーはエジプトの彫像になってしまった感覚を訴えたり、旅をした時の印象を書き綴ったり、父なる神が音を作った、などの宗教的な詩を書いたりします。ユングはそれに対応する聖書やギリシア宗教のイメージを探し出し、父なる神は精神科医の象徴であるとか、神とは音であるという古代の宗教書の断片と照らし合わせて、古くからの集合的無意識の現れが彼女の空想に深く根を張っていることを示します。象徴とは喩《たと》えでも記号でもなく、大部分が意識を超えているある内容を描き出すイメージだとユングは言います。

フランク・ミラーは自分が太陽に恋い焦がれる蛾であるという詩を書き、それに対してユングは、世界中の太陽のイメージを調べ直し、その集合的、普遍的な意味を追

◎獅子座のなかの太陽。エジプトの占星術写本。カイロ・一二五〇年ごろ・パリ国立図書館蔵（『イメージの博物誌　時間』〈平凡社〉より）

い求めました。太陽と蛾の象徴を追って人間の魂のなかへ歴史的に掘り進み、太陽の英雄の、埋もれていた神の像にユングは行き当たりました。蛾に身を変えた女性の憧れは、この太陽の英雄に向けられています。太陽と化した神は創造し、破壊する力を指しています。

ユングはフロイトの性的エネルギーというリビドーの定義は狭すぎるとして、リビドーを心理的エネルギーと考えることを提案します。リビドーは道徳その他の検閲によってせきとめられることのない欲求または衝動を指します。こうした生の躍動の原動力は、歴史的に見ればヘシオドスのギリシア神話のエロス、オルフェウス教の輝き、プロティノスの一者《ト・ヘン》の流出、*などと表現されてきました。

リビドーは表現を探し、普遍的な形を取ります。リビドーのこの変形、変容への傾向が、文学、絵画などあらゆる芸術の源泉となります。リビドーを連想によって変形させることで、人類は多様な象徴の表現を作り出してきました。ですからユングのこの本は正式には、『リビドーの変容と象徴』という題がつけられているのです。

分裂症のフランク・ミラーの空想も、このリビドーの変容の象徴としてとらえるとうまく説明がつきます。この病気の独自なところは、古代的な心理がよく現れることです。神話の発想やイメージと相通じるのはそのためです。独創的で個性的な創作と感じられても、古代の作品に類似のものがみられることが多くあります。たとえばある分裂症の娘は、指でこめかみに穴をあける仕草を繰り返しましたが、歴史的にみると棒で穴をこする神話や儀礼は火の祭礼と結びついています。このように症例が太古のイメージを引き継いでいることが多々あるのです。

**＊プロティノスの一者の流出**

流出説は、ネオプラトニズム（新プラトン主義）のプロティノスが唱えた神秘思想。完全なる一者（ト・ヘン）から段階を経て世界が流出して生み出されたとする思想。

## 英雄の戦いと死は人格が母から離れ自立する型

フランク・ミラーの幻想にはスフィンクスが登場しますが、このスフィンクスの姿の男性像は、女性の人格の内にある男性的なものであり、ミラーは空想のなかでアステカの英雄の幻を見ます。リビドーの象徴のうちでも重要なのは、この英雄になった人間の姿です。古代の神話に多くその表現がみつかります。心の浮き沈みをその英雄像が引き受けていきます。ミラーは夢の町の幻想を語ります。無意識的には夢の町は母なる女神の表現であります。ここでユングは世界中の母なる女神のイメージを挙げていきます。その他、樹木や十字架と再生の象徴を元型ということばを用いて多く紹介しています。この元型という考え方を、のちにユング心理学は大きく発展させて、その中心的な説明原理とします。

フランク・ミラーの手記の夢や空想に触発されて、ユングは世界中の神話や宗教のなかに、その無意識的な根拠を探ってゆきました。ミラーは森のなかで馬に乗ったアステカの英雄が弓矢に狙われる空想を詩に書きました。これまでのユングの例証から、この象徴は次のように自立の表現として理解されます。前へ進もうとするリビドーは英雄の母からの別離を求めてきますが、母への憧れが生への不安となって現れます。母の象徴である怪物退治も無意識に英雄を引き込む誘惑から解放してはくれません。フランク・ミラーは馬を殺す蛇とわが身を犠牲にする英雄の姿を空想します。この母との断絶とわが身の犠牲は、幼児期との個人的な結びつきを断って人格の独立への戦

◎エジプトのスフィンクス

◎〈母なる女神〉の一例・摩耶夫人像

いに勝利する道筋を集合的元型の形で示しています。

## 人類の集合的な無意識が呼びかけてくる夢や神話で

このように、ユングはフランク・ミラーの手記の空想や夢に触発されて、その神話的な鉱脈を、集合的無意識の象徴の現れとして、手当たり次第に探り出そうと試みています。フランク・ミラーの空想を読み解くにはいささか手を広げすぎ、冗長な感はありますが、ユングは集合的無意識が自律的に人の心にあって、それが世界中の神話や宗教の象徴となって形を変えて多くみつかるという発見に夢中になり、度を超すほどにその探求に没頭したと言えるでしょう。そして、この研究を発表することでフロイトの性理論から、決定的にたもとを分かち、孤独な独自の分析心理学の道を歩むことになりました。

## 『分析心理学』

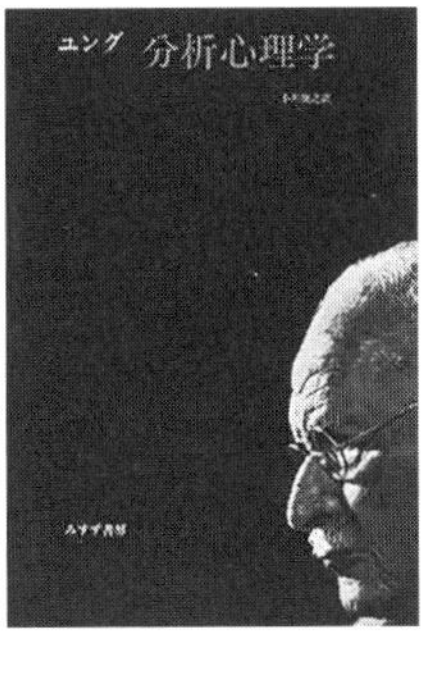


◎『分析心理学』小川捷之訳（みすず書房刊）

### 思考型人間は感情が拙《つたな》くて感覚型は直観に疎い

『分析心理学』は、ユングの基本的立場を同業の精神科医や心理学者に語った講演集です。いわば心理学の専門家を前にして自説を詳しく話し、質問に答えるという形の内輪の集まりの記録です。ここでまずユングは、心理学は自我と意識の端と無意識を扱うと言い、意識の四機能として、思考と感情、感覚と直観があると分類します。思考が優位な人は感情が劣等機能となり、逆もあります。感覚が優位な人は直観が劣等となり、これにも逆があり得ます。この話はユングの心理学のなかでは割合有名ですが、一般には話題にのぼらない本格的な著作『タイプ論』で詳しく性格の分類法として語られています。知的な人は感情がコントロールしづらく、感覚的な人は現実の理解には向いているが、大局を読めないなど、独自の性格論が繰り広げられています。またユングは無意識を説明するのに個人的な無意識と、集合的な無意識があることを説明しています。

## 連想に言いよどむときその人の過去の固着が陽に曝《さら》される

個人的な無意識を知るのに有効な方法の一つが言語連想実験です。簡単なことばを一〇〇個用意して、次から次へと即座に反応するように相手に頼みます。山と言ったら川と言うように、自動的に思いついたことばを言うように決めておきます。実際、ことばを挙げていくと、そのなかの数語に対して、言いよどんだり、反応が遅れたり、予想外のことを口走ったりします。それは、そのことばにまつわる個人的なコンプレックスが、その人にあるからです。

ある青年は、酒、ナイフ、鋭い、といった語につまずきました。そこでユングは、あなたは過去に酒に酔って人を刺していやな思いをしましたね、と言い当てました。また別の老紳士は金、キス、心臓、死ということばに時折フランス語を交えながらつまずきました。そこでユングは、あなたは心臓の病で死ぬのを恐れていて、お金に困っていて、若い頃、フランスで恋に落ちた思い出がありますね、と言い当てました。

また、同じ方法で結婚に後悔した婦人が娘に生水を飲ませて腸チフスで死なせたことを言い当てました。このように個人的な無意識は、過去の記憶に傷跡を持っていてコンプレックスを形成しています。それからユングは集合的な無意識の話をします。ある黒人が車輪に磔《はりつけ》にされる夢を見たという例では、ギリシア神話のイクシオンの磔や、車輪としての太陽の太古のイメージが夢に現れたのだと説明されます。また分裂

◎イクシオンの磔

症の男性は、太陽から垂れ下がった筒が風を送るという妄想を語りましたが、古代のミトラ教*の文献に全く同じ描写が出てくる例も語られます。

このように、集合的な無意識は神話的なイメージで浮上します。だから、患者の空想や夢や妄想を解き明かすには莫大な古代や中世の文献や世界の神話の知識が必要となります。集合的な無意識を語るときに、人はユングを魔術師を見るように見ますが、実際は魔術を使っているわけではなく、膨大な神話、宗教の知識の裏づけが背後にあって、それと照らし合わせて患者の妄想を解き明かしているのです。それは同業者にさえ簡単に説明することはできません。集合的な無意識を知るには数年の神話学の学習を要するからです。

ユングの話に続く質疑応答で、質問者は「ユングは無意識をフロイトのように去勢コンプレックスや、エディプス・コンプレックスのような形で語るのを好まず、無意識的な表れの事実を挙げている」とユングのフロイトとの距離に違和感を覚えるという趣旨の疑問を投げかけますが、ユングはそれをあっさり認めます。

## あれこれと足を引っ張る人格の絡まり合いが誰にでもある

ユングは連想実験に話を戻します。コンプレックスを考えるためです。コンプレックスは連想実験で言いよどみなどの形で現れます。コンプレックスは、大事なことをしようとするときに、緊張させたり、動揺させたりして、足を引っ張ります。コンプレックスはあたかも人格を持っているかのようです。自我というまとまりさえ、一種

***ミトラ教**
ペルシア起源とされるミトラスを祭神とする密儀宗教。古代ローマ時代（一～四世紀）に流行した。

のコンプレックスの集合体のように考えることもできます。

## あまりにも親しすぎると内面が似すぎてしまう良くも悪くも

連想実験ではあまりに親しい間柄で、性格や好みが似てきてしまうことも、明らかにします。アルコール依存症の夫を持つ母とその娘は、心の傾向が似ています。娘もまた、アルコール依存症の恋人を知らずに求めています。妻を失ったある男性とその娘は、性格が瓜二つです。また似た者夫婦という若干微笑ましい例もありますが、似た者夫婦は互いに窮屈に感じてけんかを繰り返すことも多いのです。このように親しい者同士が似た性向を持つことが、連想実験からもわかります。

ユングは次に夢の読み解きの話をします。ユングによれば、夢は嘘をつきません。自然は嘘をつかないのです。フロイトは夢が抑圧しているのはどのような種類のコンプレックスかに拘《こだわ》っていますが、自分の興味はそこではない、とユングは言います。コンプレックスはしばしばありふれたものです。ユングはその人がコンプレックスに対してどういう向き合い方をしているか、そのことに興味があると言います。

## 夢などは無意味と思う誤りはその読み方を判らないだけ

夢は無意味でばかげているとしばしば軽視されますが、夢の意味を判らないのはその読み方を知らないだけです。ユングは文献学者が難しい文献を読むようなやり方で夢を解読すると言います。彼はそれを拡充と言います。夢の不明瞭なところを補って、文脈を浮かび上がらせようというのです。ユングはある立身出世した校長先生の夢を取り上げます。この校長先生は最近、息苦しく、めまいがするようだと訴えています。それは一種の高山病のような症状だとユングは言います。

この校長先生は、慌てて出かけようとしている夢を見ますが、用意が整わず、駅に駆けつけたときには、列車は発車していました。彼は駅から、列車が山道を蛇行して登っているのを見ます。彼は列車の運転手が、後方車両が付いて来ていないのに気づいていない、と思います。列車はそのため脱線するだろうと思っているとその通りになりました。

別の夢で、彼は本を何冊も抱えて、黒い外套を着た立派な姿で故郷にいます。彼は農夫の子どもたちと出会い、子どもたちが彼に向かってここでは見慣れない奴だ、と言います。また次の夢で、彼は古い農家で老いた農婦と話しています。彼は老いた農婦にスイスからライプチヒまで徒歩で旅する計画を自慢します。窓の外に農作業をする農夫が見えます。場面が変わり、カニトカゲという想像の生き物と道でばったり会います。彼はカニトカゲを杖で叩き、カニトカゲはあっけなく死にます。

さて、ユングはこの一連の夢はつながっていると言います。無意識の心的過程はある流れに沿っていると言うのです。校長先生の高山病に似た神経症と、彼の夢はその度の過ぎた上昇志向の危険性を表しています。後方車両が付いて来ていない列車が脱線するというのは、彼の知性が先を急ぎすぎていて、自分の限界を超えていることを示しています。本を何冊も抱えて黒い外套を着ている彼に、故郷の子どもが見慣れない奴だというのも、彼が自分の出自を忘れてあまりに遠いところにきて尊大になっていることを暗示しています。

農婦にライプチヒへの長旅を語るのは、ライプチヒ大学の教授になりたいという野望を指しています。外で作業をする農夫はかつての故郷の等身大の自分です。カニトカゲを杖で殺すのは、英雄の竜退治という元型的な夢です。彼は自分を無鉄砲な英雄に見立てています。障害物を杖でたやすく取り除くというのは、自分の知性で未来を乗り越えることを彼が過信しているのを指しています。彼は田舎の貧しい農家という出自を忘れて、あまりに遠いところまで来ていて、すでに自分の限界を超えているのにそのことに気づいておらず、さらにライプチヒ大学の教授という高みを望んでいるが、彼は自分を過信していて、現実は付いて来ていないという状態を彼の無意識は言い当てているとユングは読み解きます。実際のところ、この校長先生は失職し、不幸な末路をたどりました。

## 一連の夢は自分の見えてない流れを暗に人に知らせる

このように、夢は無意識が気づいている心の状態を指し示し、一連の夢は文脈を持って、ある流れをたどっているとユングは説明します。彼は夢についての本人の連想を参考にして、ライプチヒ大学の教授を望んでいるとか、貧しい農家の出であるということも考慮して、このような読み解きができたと言えます。この例は、ユングの夢分析の実例として、非常に具体的で興味深いものです。

　またユングは、精神を病んで自殺した青年が自殺する前に見た夢を紹介します。青年はトレドの大聖堂の地下の貯水池で蛇と出会います。そのそばには金の短剣を入れた金の鉢があります。この短剣はトレドの町の鍵で、所有者は支配権を手にします。この蛇は青年の幼なじみと親しくしています。幼なじみの少年は青年にとって一種の理想像であり、英雄であり、永遠の子どもでした。

　夢の続きでは青年は蛇と二人でいます。蛇は、あなたは幼なじみの友だちだから、町の支配権を手に入れるために幼なじみを呼び戻してくださいと言いますが、青年はこれを断り、自分が蛇と友だちになることを約束します。けれども気が変わり、ムーア人の別の友人に蛇退治に行かせます。ムーア人の友人は短剣を手にして蛇と戦おうとしますが、怖くなって短剣を放り出して地上に戻りました。青年は一部始終を見ているだけで何もできず、トレドの町も入手できませんでした、という夢です。

　この夢をユングは元型的な夢だと言い、そこに出てくる象徴を古代の神話を例に挙げて説明します。ユングによれば、大聖堂の地下の貯水池は、キリスト教よりさらに奥深くにある無意識の世界で、蛇はそこの番人です。鉢と短剣は女性性と男性性を指しています。夢の町は心の全体性、自己の象徴です。幼なじみは無意識と和解し、自己の領域にいます。彼は自分も無意識と和解し、自己の領域を自分のものにしたいと願いますが、それを自分では成しとげず、第三者にその獲得をゆだね、心の全体性を得ることに失敗します。この夢は自己実現への憧れと深い挫折を表わしています。青年は人格の方向性を見失い、自らを放棄したのです。夢はこのようにしばしば集合的

◎トレドの大聖堂

な元型を使って話しかけてくるので、元型的な神話の象徴の意味を知っていれば、夢の文脈を汲み取ることができるとユングは考えています。

## 治療者に自分が望むイメージを重ねる転移とときほぐすべき

最後にユングは、主に患者が治療者に自分の思い描く像を投影して特別な感情を抱く、転移について話をします。転移は心の治療に不可欠で転移なしには病状は改善しないと思い違いをしている治療者もいますが、ユングはこれに反対します。

患者は自分の心の悩みの出口を探していて、治療者に自分の理想を投影することで、困難を乗り越えようとします。患者は治療者を自分の父親兼恋人のように思い込み、強い憧れで治療者に依存します。転移は一種の投影です。自分のあらかじめ心にあるイメージを、治療者に投げかけているのです。けれども、治療者は患者の父親でも恋人でもありません。患者はときに治療者に救世主や神のイメージを投影します。治療者は当然、救世主や神にはなれず、転移は必ず解消される必要があります。治療者は、患者の転移に冷静に対処しなくてはいけません。

患者がどのように治療者に対して転移をしているのか、ユングは主に患者が語る夢の内容から転移の形を探ります。患者がどのようなコンプレックスを持っていて、心の欠落をどんなイメージで埋めようとしているのか、夢の内容でわかってきます。転移は父や恋人に重なる無意識的な異性像であるときもあり、さらにはより元型的な、英雄や救世主や神のイメージを投影している場合もあります。転移が進むと患者は、私はあなたを愛していますと言って泣き崩れてしまったりします。一種の転移の沸騰、爆発です。医師は患者の感情が真の恋愛ではなく、治療者に自分の望むイメージを投影していることを、夢の分析や、絵を描かせることで患者に意識させて、転移を解消させなければいけません。

転移が解消すると、患者は特定の人物に自分の理想のイメージを投影する段階を脱し、病状は好転し、自分の無意識がどこへ向かっているのかに向き合う新たな段階に入ります。ユングは心の治療で夢の観察と分析がいかに大切かを強調します。そこで、トレドの大聖堂の地下の蛇の夢もそうですが、自分の心がどこへ向かっているかを患者が自覚してゆくことが治療の進むべき方向性だというのです。

## 無意識の向かうところを知るために想像広げ絵を描いてみる

その手掛かりとして、ユングが夢とともに挙げているのが、能動的想像を繰り広げさせるという方法です。患者が夢を見ていなくても、詩人のように、能動的想像を解放することで、患者の無意識内容が明らかになります。自由に思いつくことを絵に描かせることも、無意識内容を知る材料となります。夢はもちろんのこと、能動的想像や、絵に描かれたイメージには、ときに人類の集合的無意識からくる元型的な特徴が現れてきます。こうしたイメージは意識に何が欠けていて、無意識がそれをどう補償しようとしているのかを伝えています。人をあまりに見下していたとき、相手が巨像となって夢に出てくる事なども、意識の偏《かたよ》りを正そうとする無意識の働きかけだと言えます。

かつて、ユング先生は患者をあなたは思考型人間だから感情を強化しなさい、などという治療法をすると揶揄《やゆ》されたと言います。これはユングの『タイプ論』の揶揄です。近頃はユング先生のところに行くと絵を描かせて治療する、と揶揄されているとユングは笑って言います。噂はともかく、能動的想像で心の内容を探るために、絵を描かせる方法が役に立つことはユング自身が十分認めています。

## 心とは自分を癒す手掛かりを探し求めてはたらいている

ユングは、神経症の発症を心の自己治癒の努力の一種だと考えているのかと質問されて、いかにもその通りだと答えます。全体としてユングは、心が偏っているときに、自分を治す方向に無意識的に動いていく、という考え方を採ります。そういう山や谷を越えてでも、心は全体性を持つ自己の深みへ至るプロセスをたどるのが望ましいというのがユングの考えです。

## それぞれは他人に影を投げかけず自分のなかに宝石を探せ

## その人が暗に求める無意識の元型たちに場所を与える

人は、心の深化が進むと、ある特定の対象への投影から離れて、内的な価値を持つものを自分のなかに探し始めます。人は非個人的な価値のイメージに形を与える必要があります。この集合的なイメージに具体性を与え、自分のなかに生かせないと、無意識が信号を発して意識に修正を促すのです。それゆえ、心理学の向かうところは過去の宗教の役割と重なり、無意識が求めているイメージに居場所を与えることにあります。

# 第二章　中心的な著作

## 『元型論』

### 生まれつき備わっている無意識の深い祖形を元型と呼ぶ

人の集合的な無意識に生まれつき備わっている型、つまり元型（archetype）を説明するのにユングは、ダ・ヴィンチの『聖アンナおよびマリアと幼な子キリスト』という絵を挙げます。この絵には二人の若い女性と幼な子が描かれています。これをユングは二母元型の表出した例だと言います。子どもはしばしば自分には二人の母親がいるという幻想にとらわれます。これは世界中広くみられるイメージなので、二母元型が無意識にはあると仮定できます。

元型の例として有効なのは、夢や能動的想像や分裂症の幻にその人が個人的に知っていたのではない、神話的なイメージが現れるということです。前にも出てきましたが、太陽には長い筒があり、それが風を送っているというある分裂症者の幻は、古代のミトラ教の文献の表現と一致するものでした。

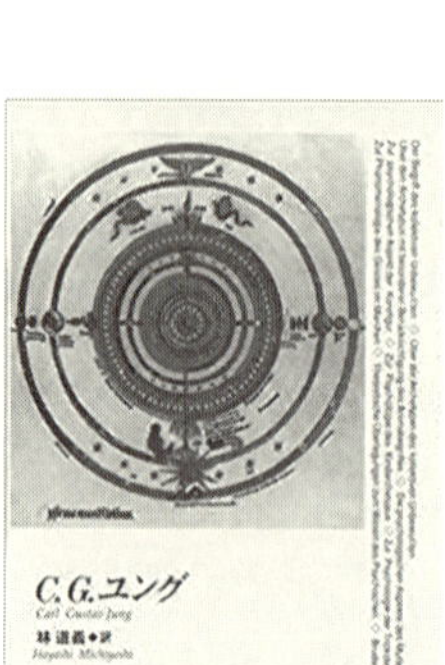

◎『元型論』林道義訳（紀伊国屋書店刊）

◎『聖アンナと聖母子』（レオナルド・ダ・ヴィンチ画）

元型ということば、ギリシア語のアルケテュポスという語は、すでにアレクサンドリアのフィロン*が、「人の内なる神の原像」として用いています。この元型という語は、原像という意味ですが、集合的無意識に太古的な型があることを言い表すのにふさわしい語です。部族社会の言い伝えに古い型のイメージが見てとれますが、それ以外に元型を表現しているのは、神話やおとぎ話です。けれども、夢や幻の形で元型が現れてくる場合には、元型は人それぞれに語られます。神話で言い表されているものは無意識の心の動きであると早く気づいていれば、人はそれを迷信として片づけなくてすんだはずです。

## 聖人は神体験に元型を重ね合わせて危機を逃れた

## 改革は迷信からは離れたがシンボルたちの貧困を招く

無意識がそれと気づかれなかったのは、まずその内容が神体験として受容されていたからです。スイスの修道士クラウス*は自分を襲った恐ろしい幻覚に、元型的なイメージを与えることで心の平安を見出しました。ヤコブ・ベーメ*も神の明暗を図で表しました。キリスト教は集合的な無意識を広く定式化して元型的なシンボルでうまく吸収していました。母元型の聖母マリアが信仰者の拠り所となり、元型的な老賢者モーゼの十戒が信徒を律しました。ですが、プロテスタントは偶像破壊的で、迷信から脱するとともに、シンボルの貧困化を招きました。そこで、その補償として、あるプロ

**＊アレクサンドリアのフィロン**
（前二五―紀元五〇頃）

フィロンはヘブライ語からギリシア語に翻訳された旧約聖書を寓意的に読み替え、抽象化した哲学者。

**＊クラウス**
（一四一七～一四八七）

別名フリュエのニコラウス。カトリックの修道士でスイスの守護聖人となった苦行僧。一四一七年にウンテルワルデンで生まれた。馬が百合を食べる神秘的なヴィジョンを見た後、瞑想生活に入った。彼のヴィジョンは神秘の輪のような図で描きとめられた。輪の中心に神の顔のあるヴィジョンの絵を描いた。

**＊ヤコブ・ベーメ**
（一五七九～一六二四）

ドイツのアルトザイデンベルクで生まれた靴職人の神秘家。我性を放棄することで、神性と一つになれると説いた。

テスタントの神学者は精神が深いところの水として眠っているという夢の語りかけを経験しました。

## 見たくない自分の影の元型を意識化すると人を責めない

自分の心をのぞき込むと、まず、自分の影と出会います。影とは自分のなかの目を背けたい部分、弱い部分、人格の劣等な部分で、主に同性の人物として夢に現れてきます。影は個人的な無意識のなかに数えられます。これに目を向け、意識化するならば、他人に影を投影して反感を持つというような思い違いも消えます。影より奥をのぞき込むと、深いところにある「水」の夢として出てきたような、集合的無意識の世界がそこにあることに気づかされます。集合的無意識はふつう元型の形で人に知られます。自分の支配下にないものが心の奥にあることを認めるのは勇気が要ることです。

## 無意識の幻惑的な妖精のアニマの像が人を動かす

心の水面をさらにのぞき込むと、水の妖精が現れます。水の妖精、魔王の娘、森の精、夢魔のような寓話的な形で夢や神話で表される、心のなかの幻惑的な女性的な部分を、前に述べた男性にとっての女性像の結晶、すなわちアニマと呼びます。アニマは元型のひとつに数えられます。聖母マリアは天界の女王から地上の何も知らない娘に至るまで、アニマの高みから通俗の形までの諸段階のイメージを併せ持ちます。ア

◎水の妖精『オンディーヌ』（ジョン・ウイリアム・ウォーターハウス画）

◎アニマ像としての「天使」（アボット・ハンダーソン・セイヤー画）

ニマは無知と賢さ、聖と俗の両方を意味します。アニマはグノーシス派の賢人シモン・マグース*の伝説のように、賢者のお伴として象徴や夢に登場します。人はアニマを通じて集合的無意識の世界に触れ、気づき、そこへ降りて行く鍵を手に入れます。

**奥深い知恵の世界の守り人に老いた賢者の元型がある**

アニマの他に、前に出てきた、若き神学生の夢に登場した白の魔術師と黒の魔術師が、善悪は表裏一体だという深い知恵を示したように、老賢者の元型という型があります。ニーチェの自我を補う集合的無意識の産物であるツァラトゥストラという人物も、そのお告げを述べ伝えるような語り口からみても、この老賢者の元型の表れということができます。影、アニマ、老賢者の元型は人格の形で現れてきます。

これに対して心の深まりのプロセス、心が変化してゆく状態そのものを表す、変容の元型というのも考えられます。これは非人格的な元型です。さらに心の深まりの先にあるものとして、神の姿をとって夢のなかに現れてくる、到達すべき理想の心の状態、すなわち自己の元型的イメージに出会います。

**◎アニマの意味**

**男性の像としばしば対となる理想の女性アニマ元型**

***シモン・マグース**
サマリアの村キッタイに生まれ、紀元後一世紀のサマリアとローマで活動した人物。聖書使徒行伝八章十節によると、神の偉大な能力を自らの身に体現すると述べた。マグースとは魔術師の意味で、異端の祖とされた。

アニマという考えが理論的な作り話であるとか、ただの神話であるという偏見が向けられることが多々ありますが、アニマは夢や神話に登場し、実在の人物に投影される生まれつき人が持つ無意識の型です。王と女王の組み合わせなど、両性の統合を示すシジギー（男女一組）のモチーフが神話や宗教や文学史に見られることを知っておくのも、アニマを理解するには必要です。アニマにかかわる幅広い現象の知識があって初めて、個々の例に出てくる、ときに病的なアニマの本来の意味に眼を開くことができます。

経験的に知られるものからしか観念は生じないという偏見がありますが、古代の原子論でさえ最小単位の神話的イメージに基づいています。心がイメージや形式を提供してはじめて、対象を知ることができます。心という作用は謎めいた性格を持つ自律的な世界です。物事を背後で決定する力は無意識からくるのであって、そのため育ちにかかわらず、夢体験やイメージ形成が共通していることが保証されています。その証拠は世界中に同じような神話のモチーフがみられることであり、このモチーフを原イメージ（鋳型）という意味でユングは元型と名づけました。

なかでも治療上特に目を引くのが、アニマの元型です。アニマとは「魂」という意味のラテン語の女性形で、魂の女性的な部分を指します。男女ペアの理想的組み合わせのイメージ、すなわちシジギー元型はアニマ元型の代表的な現れですが、これは単に両親像の投影であるとか恋愛関係の投影以上の、先天的な無意識の産物と言えます。スイスの修道士クラウスの見た幻も、このシジギー元型の蘇りと受け取れます。その特徴は、男性的なものといっしょに常に女性的なものが対になって成り立っていること

◎両性具有者〈アンドロギュノス〉（『イメージの博物誌　錬金術』より）

とです。このイメージが広くみられ、また心を搔き立てるのは、これが根深く重要な無意識内容であることを物語っています。

新生児の心が白紙であるという説は大きな誤りです。人間には生まれつき元型が心に備わっています。それが空想を特定の道に導くので、子どもの夢や分裂症の妄想は神話と似たものを生みます。元型は神話に表現され、個人のなかにも備わっています。両親を知るより先に、男女の一対の組み合わせを子どもは生まれつき知っていると思われます。この元型を強化するために、洗礼時には男女の名付け親が選ばれる習慣があります。

## 両性の結合された女性像　夢に出てきて心揺さぶる

## この人が理想の人と思うときその背後にはアニマ幻想

## 人生が半ばを過ぎて感性が枯渇したときアニマを生かせ

ある患者は両性具有の偉大な母親のイメージを絵に描きましたが、のちにこの両性具有の母親像は去勢されて、頼りない老女へと変貌しました。最初に理想の男女の結合としてのシジギー元型が両性具有の偉大な母親として現れ、そのうちのアニマ幻想が患者の期待を裏切って、地に堕ちたという経緯をたどりました。このようにアニマは男女一対のシジギー元型の片一方として現れ、強力な母親像として人を魅了します。

アニマは、人間関係や恋愛感情にも影で作用します。幻惑的なアニマのイメージが人をどうとらえるかは数々の小説を読めば明らかにわかります。

人生前半に、母親の影を持つアニマの影響から離れて自立するのは人に必要なことです。けれども、人生の後半になると、自分のなかのアニマを抑圧することは、柔軟性、情緒、優しさ、美的感覚、芸術性、詩情などから遠ざかって、硬直化、惰性化、強情化して自分を狭めていくことになります。ですから、こうなるとアニマ元型に近寄って元型にふさわしい表現を与えることで、人生が豊かなものに転じていくのです。

## ◎母元型

### 優しいが子を呑みもする恐ろしい母元型は知恵も表す

古代や中世なら、元型はプラトンのイデア論*で説明できたでしょうが、普遍性はことばの綾にすぎず、実態はないという議論に落ち着いてから、イデア論は力を失い、先天的な観念という考え方は否定されつつありました。けれどもカントが生まれつき理性には空間や時間の観念が備わっていて、経験はその鋳型に当てはめて理解されるという説を唱えました。ユングもカントに力を得て、生まれつき人が無意識の型を持つと言えると述べます。

人間は原イメージを持って生まれてきて、心はあらかじめ型を用意されています。元型とは無意識的なイメージの型です。元型は具体的な内容を持つのではなく、イメ

**＊プラトンのイデア論**
プラトン（紀元前四二七〜前三四七）はイデア論を説いた。人が花や美をそれと判るのは、前世で花そのものや美そのもの、すなわちイデアを見たことがあるからだというのがイデア論。

ージの落ち着く型を与えてくれます。

母元型もこの生まれつき備わったイメージの型なのです。ユングは母元型に関係のあるものとして、次のようなものを挙げます。女神、神の母、懐胎する乙女、ソフィア神、恋する母、楽園、神の国、天の王国、教会、都市、大地、森、水たまり、冥界、月、畑、庭、洞窟、花籠、パン焼き窯、牝牛、兎、守護動物……。これらに母元型が投影されます。

母元型の特徴は母性で、柔軟な知恵と慈悲深さ、奥深い秘密、養うもの、逆に暗闇、呑み込むもの、子どもをだめにするもの、の両面が母性には含まれます。優しくて恐ろしい母の原像が母元型にはあります。聖母マリアは優しい母であるとともに、十字架の象徴で示されます。インドの鬼子母神カーリーもこれに当たります。このように優しくて恐ろしい母のイメージは神話に広くみられますが、患者の一人一人の母の像は多種多様です。

ユングによれば患者の実際の母親よりも、そこに投影された元型こそが母親に神話的背景を与え、さらに凄みを加えます。母を怖がる人には動物、魔女、幽霊、人喰い、おとこ女などの姿をした母親が現れます。その恐ろしい魔物への投影を母を怖がる人に気づかせるだけでは不十分です。というのも、元型は心のかけがえのない財産であり、イメージの暗い原野の宝物であるからです。それは宗教的価値を持つので、その投影を解消して、その元型の内容を見失った人に返してやる必要があります。

## 母親の悪影響は男性を性倒錯や放蕩にする

◎鬼子母神カーリー像（スリランカのヒンズー寺院）

母元型は母親コンプレックスの基礎を作っています。その影響は息子への場合と、娘への場合で異なっています。息子への影響は、息子を性倒錯、女遊び、不能へ導きます。ドン・ファン型女遊びは、どの女性にも母親を求めています。母親は男にとって最初に出会う女性的な存在で、息子には母親に惹かれながら反発する要因が混じり込んでいます。

母親コンプレックスは娘の場合、女性本能を過度に促すか邪魔するかであり、息子の場合、不自然な性に走らせ男性本能を傷つけます。

母親コンプレックスは、母親の持つ寛容を取り入れて、よい趣味や審美眼を養い、教育者としての資質を与え、歴史への思い入れや、友だちへの思いやり、人類愛や神体験の受け入れ、好奇心、開拓精神などプラスに働く面も十分あります。

### 母親の悪影響は娘らを劣等感で生きにくくする

娘の母親コンプレックスは、女らしさの肥大または縮小を引き起こします。母性本能が強すぎると、女性がただ生むことだけを目的とするようになります。男性を子作りの道具で、自分が世話する添え物として扱います。彼女はまず子どもを産み、それから子どもにしがみつき、子どもを支配し、独占し、だめにします。

そのような母親に育てられた女性は、母性本能が肥大するか、逆に消えてしまい、エロス過剰となり、母親への嫉妬と対抗心のため、既婚男性を好み、家庭を破壊し、別の男へ移ってゆきます。未熟な男性はこのような女性にアニマ幻想を抱き、心奪われます。

または母親への劣等感が強い娘は、母親の影のようなか弱い女性となります。このようなか弱い女性も男性の興味を引きます。その他なんでも母親と逆のことをやるという形で、娘のコンプレックスが現れる場合もあります。母親的なものとしての家庭を築けず、また女性として生きていくのに苦労します。母親への防御のために知的機能が発達して、手ごわい論客になる場合もあります。

## 無意識に深く根を張る元型の聖母が自我の欠落を埋める

母神神話の内容も、母親コンプレックスの作用も、結局は無意識にかかわっています。人が意識と無意識の対立軸を知らなければ、昼と夜、夏と冬のような形で秩序と無秩序を二つに分けてとらえる考えなど思いつきもしなかったでしょう。心は人生の内奥の秘密のものであり、心にひそむ元型は形と力を意識に与えます。

子どもは母親と無意識に同化して生きています。自我が目覚めると、子どもは母の元型的なイメージから独立します。母の元型的なイメージは、おとぎ話の祖母の演じる優しい魔女の両面性を含んでいます。優しくて恐ろしい鬼子母神カーリーや、十字架としての聖母がそのイメージを具体化しています。

ここまで母イメージが優勢なために現れる心の状態について一通り見てきました。

優しくて恐ろしい母親像、グレートマザー元型が神話的な特徴を持つことはすぐわかります。患者に母という語でイメージする者を絵に描かせると、母元型に似ている神話的な像が頻繁に見られます。母親は男性にとってはじめから神話的な性格を持ち、そこで母を理想化し、魔女的な側面を封じ込めます。女性は大地母神元型と同一化しようとします。理想の男性に女性が付き添う男女一対のシジギー元型も人の心に根を張っています。

教会の聖母被昇天の教義の公認は、母元型の性質を持つ人物像が天国に、精神の国に受け入れられたということを意味し、大地と天国、物質と精神の結合がこれによって暗示されています。このような陰と陽、女性性と男性性の和解は、全体的世界像を求める無意識の補償の兆しです。これは、長年錬金術で先取りされてきた対立物の結合の形です。この世に根を張り（大地の母）、天国にまで伸びた（被昇天）世界樹というシンボルに、聖母被昇天を認めた私たち現代人は立ち返っています。人間はシンボルを体験することによってのみ、心の奥に根を張った世界に戻ることができるとユングは母元型について結んでいます。

◎『聖母の被昇天』（ピーテル・パウル・ルーベンス画）

## ◎母娘元型

**女性では母と娘の元型が意識の幅を広く育てる**

ユングは長年、夢、空想、幻覚、妄想を研究する中で、ある種のイメージの法則的なタイプを、すなわち元型を認めざるを得ませんでした。その主要なものは、人格の影、老賢人、始原児、原母、母と組みをなす母娘元型、内なる異性像アニマとアニムスです。

母娘元型は古代ギリシア神話の典型にならって、地母神デメテルとその娘コレーの元型と言えます。

穀物の女神デメテルの娘（コレー）のペルセポネは、冥王ハデスにさらわれて冥界の女王となります。デメテルは娘がさらわれた後、穀物の実りを枯らし、ゼウスがこれをなだめます。デメテルとコレーの母娘は、この世とあの世の組み合わせです。両者を秘儀で見ることで、人々は永遠の生命を確信したといいます。

コレー像は男性には一種のアニマとして現れ、女性には二重の像、母であり少女である像として現れます。患者のイメージとしては、女性の場合にはコレー像は未知の若い少女として現れます。しばしば少女は踊り子や狂女や妖精として現れます。幻のなかの若い少女は、その無力さのためにありとあらゆる危難にさらされます。デメテルやその冥府的な化身、ヘカテーに当てはまる部分は、実物以上に大きく見えます。

地母神は女性の無意識のなかで重要な役割を演じます。神話的に見て、少女は普通の人間と異なる特徴を持っています。デメテルとコレー、母と娘は、女性の意識に上方と下方へ向かって追加されるものです。それらは女性の意識に、年配像や少女像、強いものや弱いものを足し、個人の意識を広げて、より全体的な人格に気づかせます。どの母親も娘を、どの娘も母親を、自分のなかに含んでいると言えます。

能動的想像法や絵のなかで、ある患者には神話的な母や少女が現れます。患者は幻

◎デメテル像

◎『ペルセポネの帰還』（フレデリック・レイトン画）

のなかで母の子どもであり、イルカであり、海の神ポセイドンに望まれる花嫁でした。女神が海底で少女となった自分に接吻し、男たちに贈り物として引き渡します。患者の中年女性は深みから光のなかへ戻ったとき、一種の秘儀を経たと感じました。別の患者は、山道をさすらっていると、天女が現れて熊から守ってくれる夢を見ました。

ここに現れるのは熊と関係を持つ母のような助ける女神、つまり一種のディアナ女神です。天女は夢見た人の上位人格（理想人格）で、人に天上的次元を加え、下に向かって熊という動物的次元を加えています。

## 女性らの内なる異性アニムスは自我と意識の奥の架け橋

別の女性の夢では、画家が少女と竜の絵を描きます。この画家は夢が考え出したものです。女性の男性イメージ、アニムスはしばしば画家や映写技師や画廊店主として現れます。このことはアニムスが意識と無意識の間を取り持つ役目を持つことにかかわります。無意識の多様なイメージはアニムスによって伝達され、（英雄や王子のような）目に見える形になります。この絵には少女と竜の同一化がみられます。ここでも意識的人格の拡大がテーマであり、いけにえの少女の無力さと竜の力の危険を自分のものとして引き受けることで、人格の拡大が求められています。

別の夢では、女奇術師が神格化した人格になるまでの変化が表れています。また教会に赤い服を着た少女が十字架に吊るされているのを見る夢も報告されています。これらの夢の少女像は常に死ぬことになっています。少女像がいつまでも女性の心の中心を占めていると、人格の深化を妨げるからです。

**男性の夢のアニマは聖女かつ遊女でもあり両極を持つ**

**男性に微笑みかけるアニマとは秘密の淵の案内となる**

残っているのは男性においてみられるコレー像、すなわちアニマについて説明することです。アニマは無意識的活動の生んだものですが、これも少女と母の姿で現れます。アニマは肯定的にも否定的にも現れます。妖精かと思うと魔女であったり、聖女かつ遊女であったりします。付け加えると、アニマは暗い秘密の淵に対する親密な関係を持っています。女性が男性に感じさせる恐怖の大部分はアニマの投影から生まれます。未熟な男性は母親的なアニマ像を持ち、成熟した男性は若いアニマ像を持ちます。

アニマ像はその性質を表す動物と結びついています。アニマは蛇、虎、鳥として現れることがあります。動物の表す未知の女性性はあるときは変身能力として、別のときは聖俗併せ持つものとして現れます。アニマは妖精的な自然の生き物として現れるので鳥や自然の一部としての形を取り、意識から再び消えて無意識に帰ることもあります。アニマのもととなっている要素は男性の心のなかで大切な役割を演じ、あらゆる幻想を特定の女性に投げかけます。実は幻想に満ちているのは男性のエロスのほうです。

デメテルとコレーの儀式は、参入者へ天上的で冥府的な永遠性を幻視する器の役を果たしました。アニマは基本的に男にとっての女性の原像ですが、デメテル・コレー元型は母と娘だけの心の体験を表しています。男は娘をさらう役を果たすだけであり、核心は女性の老いと若さの内なるイメージです。

## ◎童児元型

### 治療時に心深まるプロセスで意識に浮かぶ童児元型

童児神の元型は広くみられますが、神話に現れる他の童児モチーフと混じり合っています。その例として、幼な子イエスの伝説を持ち出すまでもないでしょう。民間説話では童児は小人や妖精の姿で出てきます。その変種として、錬金術の「金属小人」としてのメルクリウス（ヘルメス神）があります。中世の宗教文献の童児イメージの他に、無意識の侵入として童児のイメージが人に介入することがあります。神秘神学者マイスター・エックハルトの見た「裸の少年」の幻や、修道士エウスタキウスの見た、子どもの夢です。似た報告はイギリスの幽霊談の「光を発する少年」で災いの前兆として語られていますが、これは古来の「永遠の少年」の没落したイメージです。このように童児元型は、いつの世にも生き生きと活躍しています。精神病の症例としては、童児モチーフはよく見られます。精神病の女性は、実際にはいない子どもが自分にはいるという妄想がよく現れます。また人工児ホムンクルスの幻像も患者を苦しめます。

◎「金属小人」（『真理の鏡』一七世紀、ヴァティカン使徒図書館蔵）

◎メルクリウス像

けれども童児モチーフが意味深く現れるのは、神経症の治療で、無意識の分析の際に引き起こされる人格の成熟過程のなかでです。そこでは元型は空想の形で意識に入ってきたり、夢に出てきたり、能動的想像法で意識化されたりします。そのなかには童児モチーフが頻繁に見られます。夢のなかでは童児はよく息子や娘として、少年、若者、乙女として、ときには星を抱いた星の輪に囲まれた王子として現れます。得難い貴重品の象徴として、童児は宝石、真珠、花、黄金の卵とともに現れます。

心理学的には、童児モチーフは幼児期の無意識に近い心を表しています。治療時に現在の状態が子ども時代の状態とかけ離れてしまったことを思い出させる働きとして童児元型が意識に浮上します。人類全体の話としても、神話で童児元型と出会うことは自分たちの根とのつながりを断ち切らないために必要とされます。童児モチーフはかつてあったものだけではなく、現在働いている作用でもあります。これは意識の一面性を補償し、正すために表面化します。童児的な状態が抑圧されると、童児モチーフが意識の過度なかじ取りを制止します。

また童児は未来の可能性を指しています。神話の救い手が童児神だということは、心のなかで童児が未来の人格変容の準備ができていることを示すことと一致しています。童児は人格の深まりにおいて、意識と無意識を統合する調停者のシンボルとして登場します。人格の深まりの目標は、人格全体をつなぎ合わせることです。ひとは人格の完全現実態を目指すとも言えます。多数の子どもの幻視や夢は人格の分裂や未完成な状態を意味します。童児モチーフが一人で現れるときは、人格統合の可能性を指しています。

童児神と英雄児の話型に共通なのは、奇跡的な誕生と捨て子や迫害、超自然的な力の誇示であります。英雄児は神話的な無意識と人間的な意識との総合を表します。童児の多様で劇的な運命は、自己実現の際に演じられる心のなかの出来事を表現しています。英雄の第一の仕事は怪物退治です。怪物退治は無意識の意識化を暗示しています。

**男でも女でもある幼な子は全体性の象徴となる**

**始まりで終わりでもある始原児は意識が戻る淵を表す**

童児はその男女両性をあわせ持つ幼児性によって、対立物の結合のシンボルともなります。ファウストは死後、少年となり、昇天した少年たちの合唱に迎えられます。童児はそのため、新生児への再生でもあり、始原にして終末の形でもあります。心理学的には、童児は意識以前と意識以後のあり方の象徴だといえます。治療の際、人格の小児的な部分は捨て子のイメージで現れ、次に英雄の自己犠牲によって劣等感からくる自我肥大が表現され、最終的に童児が人格の全体性の表現として意味を持ちます。このような枠組みで、捨て子、無敵さ、両性具有、始まりで終わりといった童児モチーフがよく理解できます。

**◎トリックスター元型**

## きまじめな人が忘れた気まぐれを羽目を外した道化が補う

ポール・ラディン*の『トリックスター』という本の解説をユングは書いています。トリックスターとはいたずら者、お調子者、詐欺師、お騒がせ者、嘘つきといった神話の登場人物の類型ですが、ユングはこのトリックスターはひとつの心理学的元型なのだと解説します。ヨーロッパでこの役割に当たるのは、秩序を転覆させる中世教会のカーニバルの登場人物が挙げられます。また、神の飼う牝猿としての悪魔、錬金術のメルクリウスや神話のヘルメス像などもトリックスターのいたずら者です。トリックスターとは、おとぎ話の愚かなハンス、神話のずる賢い愚か者といった人物像です。彼らは他の人たちが努力して得られないものを、愚かなために手に入れます。無意識が心理学的にトリックスターの特徴を示すことはよくあります。ポルターガイスト*として知られる妖精のからかいや悪意あるいたずらもその一種です。シャーマンや呪術師にもいたずら者の特徴があります。

## 文明が置き去りにした底抜けにまぬけな面をいたずらで埋める

トリックスターには、きまじめな聖なるものに対する間抜けな部分の補償的関係があります。教会行事で特別に許された乱痴気騒ぎ、子どもの司祭の行事や驢馬《ろば》祭りがトリックスターの活躍する場所でした。イタリア喜劇もこの系譜にあります。トリックスターは聖と俗、善悪の未分化な人間意識を反映しています。インディアンのウィ

**＊ポール・ラディン**
（一八八三～一九五九）

アメリカの文化人類学者、神話学者。『あるインディアンの自伝―北米ウィネバゴ族の生活と文化』『トリックスター』の著者。

**＊ポルターガイスト**
物が勝手に動いて騒音を立てる心霊現象。

◎イタリアのトリックスター『アルレッキーノ』（モーリス・サンド画）

ネバゴ族*のトリックスター、いたずら者は過去の遺物ではなく、あまりに生き生きしていて現に働いている元型です。

いたずら者はおどけた救い主であり、神かつ人で動物です。その最大の特徴は無意識的振る舞いです。彼は自分の体を分割して遊ばせるという芸当を行います。無意識的で洗練されていないのでひどい行為を悪びれず行います。彼は宇宙的な裸の愚者であり、一方で超人的な能力で人間にまさり、他方で思慮の不足で人間に劣っています。周りの世界に馴染みませんが、その代わり可能性としての好奇心を持っています。

*ウィネバゴ族
アメリカのウィスコンシン州、ネブラスカ州に住み、スー語を話す先住民。

## 硬直し動きのとれぬ状況を抜け出す機知をいたずらは持つ

トリックスター神話を何度も語ることとは、無意識的な行動をとる人物を、治療的意味を持って思い返すことです。この神話は楽しいものであって、意識によって支持され、育てられています。理不尽に行動する代わりに、トリックスターは物語の終わりで、有益な発明や意味のある創造をしています。トリックスターは心理療法的な効果を持っています。神話像が作用するとき、その像が心をくすぐって、その人の心のなかに似たイメージを保存します。

トリックスターは集合的な人格の影の像であり、人格の忘れ去った遊戯的な部分を補償します。トリックスター神話の最後に救い主が暗示される場合には、切羽詰まった状況の逆転を示します。無知が知恵に逆転し、袋小路の出口を作り出すのです。ちなみに人類学的には道化は光と闇、生と死、男と女、この世とあの世の対立を自在に往復する媒介者、お騒がせ者として、身の毛もよだつ聖なる世界の深みを根っこに持つ越境者として、新しい文化をもたらす台風の目と考えられています。日本で言えば、河合隼雄氏と山口昌男氏の友情の核心は、このトリックスター的な心の働きへの共感であったと考えられます。

## ◎精神元型

### 老賢者また動物の知恵を持つ精神性の元型がある

精神はあれこれと定義される心の働きですが、精神と呼ばれるものが先天的な原イメージに基づく元型ではないかと考えてみることもできます。精神は父親的な権威信仰や決意として、患者の夢や空想に現れてきます。夢のなかで断固たる信念、禁止、忠告が現れてくるのは、目に見えない権威からであり、大抵の場合、老人の像が、決断を与える権威の源の精神元型を象徴しています。

精神を意味する珍しいものに、奇怪な妖精や喋る動物や小人があります。夢の精神元型が完全に善だとは言えません。ときには悪意さえ示すことがあります。老賢者も代表的な精神元型と呼べますが、老賢者は夢のなかでは魔法使い、医者、牧師、教師、教授、祖父、権威者として現れます。精神元型は、洞察、理解、助言、決断、計画を示しますが、自分の力ではどうにもできないときに現れます。精神元型は意識の行き詰まりを打開するような内容を示して、意識を補償します。禍福は糾《あざな》える縄の若《ごと》しだと諭す善悪入り混じった魔術師の場合もあります。

## 現代の夢もおとぎ話でも老人が深い知恵を差し出す

精神元型が老人として現れる度合いは夢とおとぎ話ではほとんど同じです。老人が現れるのは、いつでも主人公が絶望的な状況に陥っているときで、熟慮か妙案を教えます。自我に必要な知恵が人格化した老人の形を取って、助言として与えられます。いじめられている孤児が見張りをしていた牝牛に逃げられてしまい、途方に暮れているエストニアのおとぎ話では、老人が現れて食べ物と一人で生きていく知恵を与えます。困ったときに全人格と力を結集して未来の扉を開く鍵を与えます。老人は少年に東へ安心して進んで行けば七年後に山にぶつかり、そこで幸運になると教えました。自我の意志だけでは非凡な力を出すほど人格を統一できないので、老人という精神元型が手を貸すのです。老人はどの道が目標に達するかを知っていて、危険を避けて目標に通じるすべを主人公に教えます。

要するに老人は片方で知識、洞察、熟慮、知恵、賢明、直観を示し、他方で親切や道徳的な資質を示します。これらは老人の精神元型的な性格を十分顕わしています。その現れ方は現代人の夢の場合とぴったり重なります。老人は無意識を表す森の奥からやってきます。老人が小人として現れるときも、また無意識に属することを示しています。

ある現代人の一連の幻像のなかに、老賢者タイプが何度も現れましたが、しばしば小人の姿で登場しました。この同類に鉱山の金属小人や錬金術の人工人間ホムンクルスがいます。賢者の元型は見えないほど小さいけれども、運命を決める力を持っています。老人が道徳を試す試練を課す場合もあります。

## そのほかの元型たちと同様に精神性も両面を持つ

助けてくれる老人は、神性と関係を持っていることは明らかです。ドイツの兵士を食べる黒い王女の話では、白髭の老人がよい助言を兵士に与えてくれますが、この老人は一種の神だと説明されています。老賢者には、死者の国から来たという負の面があり、片足、片目、片腕の老人であったりします。老人の元型には善悪両面が見てとれます。

精神元型のもう一つの現れ方、動物の姿についても考えなければいけません。おとぎ話に出てくるのは、助けてくれる動物というモチーフです。この動物は人のように振る舞い、人のことばを話し、利口で、人間よりも物知りです。

若者が囚われの王女と出会い、磔にされた鴉を放してやり、若者は熊、獅子、馬の三つの動物の力を借りて、悪い狩人を出し抜いて王女を救い出し、王女の父の王国へ帰るおとぎ話があります。

精神元型はこのおとぎ話においては動物の姿を取って、すなわち熊、獅子、馬の三機能として主人公を助け、彼らは狩人や魔女の支配に属していますが、他方で、三本の釘で、正体は悪魔である鴉が磔にされていました。どちらの場合も動物の上位にあるのは前の場合では影の部分である狩人に当たり、後の場合では鴉を解放した主人公に当たります。

主人公とその影である狩人は最後に同一化して、ついに狩人の機能が主人公のものとなるほどになります。鴉の姿の悪魔という精神の劣等機能を、動物の三つの型の方に取り入れることで、人格の葛藤はなくなり、主人公の影としての狩人は消え失せ、主人公は王女とともに父の王国へ帰ります。王女というアニマが代わって精神の領域を最後に保護するのです。このように精神元型は動物や老賢者として現れ、主人公を助けます。

精神を、おとぎ話や夢で現れる元型で観察してみると、多様な精神元型が表現を与えられていることに気づきます。精神元型は良いことも悪いこともしますが、よいものが悪魔的なものに転じないかどうかは人間の決断にかかっています。精神元型の両面性に居場所を与えないと、暗い部分が大衆に乗り移る事態もありうるのです。これは世界大戦で魔的な精神がドイツ人に憑依《ひょうい》したことを憂慮して、ユングが付け加えた見方です。

## 元型と向き合う人は無意識を自我に取り入れ深化へ向かう

元型とは集合的に存在する無意識的な型です。この型の力は創造的な空想の取持ち役として働き、夢の意味もこの自発的な無意識の型の推移で浮かび上がります。元型は意識内容の成立に手を貸し、意識を調整し、修正し、方向づけます。元型に接したときには、人はある種の畏《おそ》れの感覚を持ちます。元型との向き合いを差し迫った問題と感じるのは、無意識を意識に取り入れ、人格を統合しようと決断する必要に迫られている人です。心理学にとって最高の課題は、意識化できる無意識内容を意識に取り入れる心特有の、深化の歩みです。深化の歩みは病的な症例だけでなく、禅仏教の公案*などで表現されている、人の全体性の回復の歩みだといえます。

**＊禅仏教の公案**
『無門関（むもんかん）』『碧巌録（へきがんろく）』『臨済録（りんざいろく）』などで有名な禅僧の謎掛け問答。「犬に仏性はあるか」や「両手を打った時の片手の音とは何か」「父母が生まれる前の本来の自分とは何か」など悟りの契機をつくる難題が数多くある。

# 『タイプ論』

**内向きの人は外から身を守り外向きならば好きで付き合う**
**内向きか外向きなのか決めるのは生まれつき持つ傾向による**

ユングはタイプ論で人間の性格を分類して、自分を計る物差しとして提示しました。心の構えには二つのタイプがあります。内向型と外向型です。内向型の人は外界を無視する態度をとります。外界から必要なものだけ受け取り、外界の脅威にさらされるのを恐れています。

これに対して外向型の人は外界に対して積極的な態度をとります。彼は外界の意義を高く評価していて、心の構えを外向きに開き、外界と自分を関係づけます。閉鎖的で、心のうちを明かさない、内気な性格の人がいる一方で、あけっぴろげで愛想がよく陽気で親切な人づきあいのうまい人がいて、人と対立してもそれを生かせる人がい

◎『タイプ論』林道義訳（みすず書房刊）

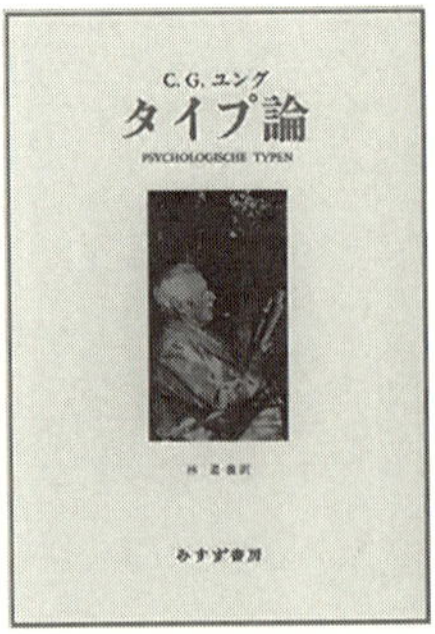

ます。

この内向きと外向きの違いは個々の場合の対立ではなく、性格の型の構えの違いであることに気づきます。職業や性別に関係なく、外向型と内向型の対立がみつかります。これらのタイプの違いは無意識的な生まれつきの傾向からきたものです。外向型はあらゆることに首を突っ込み、つねに自分の力を使い果たすのに対し、内向型は外界の侵入に予防線を張り、外界との付き合いに必要な労力を最低限に抑えて、自分の安全な居場所を作ろうとします。同じ親の子どもでも外向型であったり、内向型であったりするので、どちらに転ぶかは個人的な資質によるものです。

## ◎外向型

外向型にも思考が優位に立つタイプと、感情が優位に立つタイプがあり、また一方では、感覚が優位に立つタイプと直観が優位に立つタイプに分けることもできます。同じことは内向型にも言えるので、外向きと内向きの人のなかに、思考と感情のどちらが優位か、感覚と直観のどちらが優位かという、それぞれ四つの分類ができることになります。この分類の話をする前に、意識の構えと無意識の構えという両面から外向型、内向型をそれぞれ考えてみる必要があります。

### 外向きの人は何でも外界の状況に沿い先行きを決める

外向型の人の構えとは何でしょう。ある人が良い意味でも悪い意味でも外界のようすやその要求に直接応える形で、考え、感じ、行動しているなら、その人は外向的であり、外向的な構えを持ち、外向的タイプに属します。こういう人は、自分の中から出てくる意見より、外界のほうが意思決定に大きな役目を果たしています。つまりその人は、決定を外界に委ねているといえます。

こうした人物の行動パターンは、もともとの基本的構えから生まれたものです。関心と注意は外的な出来事に、身近な出来事に払われます。行動もまた他人や物ごとに左右されます。このような人は現実に理想的に適応しているように見えますが、必ずしもそうではありません。外的条件は時代や場所で異なってきます。異常な時代に適応している人は集団で異常さを生きているのです。それではふさわしい自己実現とは言えません。また、外向型の人は、自分の体の異常に気づかないというような弱さもあります。

外向型の人の危険は外界に引きずり込まれてしまい、自分を全く見失ってしまうことです。たとえばある歌手の場合、名声が急に高まると、自分で耐えられないほど歌いすぎてしまい、突然高い声が出なくなったりします。これは主に神経に負担がかかり、無意識が意識の行き過ぎを妨げているのです。外向型に多い神経症はヒステリーです。この特徴はつねに周囲の関心を得よう、周囲に感銘を与えようとすることです。度が過ぎると躁的になります。

## ◎外向型の無意識の構え

### 外向きの人の無意識は自己中心で幼児的になる

外向型の人の無意識の中には強度の自己中心的な傾向があります。無意識の構えは意識の外向きの構えを補うために、一種、内向的な性格を持ちます。外界に向かって意識が方向づけされているので、自発的な心の動き、意見、希望、欲求が抑えつけられるために、無意識の構えは原始的、幼児的、利己的な性格を帯びています。

意識の外向的な構えが徹底すればするほど、無意識の構えは幼稚で粗暴となります。たとえばある印刷工が社長にまでなりましたが、仕事一途《いちず》で他を省みないので、関心が仕事に向いているのを補償するために、子どものころ好きだった絵や図案を描く趣味が再び目覚めます。そこまでは好いのですが、余技で止めておけばいいのに、幼児的なデザインを自社製品に導入し始めます。数年後、彼の会社は倒産してしまいました。そのようにマイナスに働く場合もありますが、無意識の構えが意識の構えを補償するのは、一般に心のバランスを取る形で現れます。

## ◎外向的思考型

### 何よりも思考が勝る社交家はその常識を他に押しつけ

心のはたらきの中で思考が優位に立っているのが思考型です。これは外向的でも内向的でもあり得ますが、まず外向的思考型を論じます。

このタイプは生活の全てを知的推論に合わせようとする人で、客観的なデータやそれを整理した知的な公式で物事を決めていきます。外向的思考型は自分がこうした公式に従うように、周りの人々もそうすれば幸せになると考えます。外向的思考型の人の道徳は、例外を認めません。客観的事実の表現は人類の幸せに欠くことができないようにこの型の人間には思われます。この「客観的な」公式にとらわれると、思考以外の生の活動は排除されてしまいます。

このタイプは主に男性に見られます。彼の思考は停滞することがありません。けれども意識のなかで思考が首位に立たないと、自閉的判断へと引きこもります。それは誤った思考の妄信に走ることも多々あります。

## ◎外向的感情型

### 感情が思考に勝る社交家は常識に沿う実感で生きる

外向きの感情傾向が優位にある人を、外向的感情型と呼びます。このタイプに当てはまるのは大抵の場合、女性です。この種の女性は感情の定めるままに生きています。たとえ人格が抑圧されていても、感情は個性を保っています。あらかた人格は環境に順応しています。彼女の恋人選びは、合理的な相手に好意を感じて行われます。彼女は実感が湧かないものについては考える余地がありません。感情を妨害するのは思考であり、実感が伴わない思考は切り捨てられます。無意識的に抑圧された思考が実感に疑いを投げかけて、感情を訂正する場合もあります。ここでも抑圧された無意識は補償的に働きます。

外向的思考型と外向的感情型を、判断タイプと呼ぶことができます。両者の活動のほとんどが、合理的判断に従ってなされます。両者が合理的であるのは、偶然性や非合理を意識的に排除しているからです。彼らが意図せずに行うことは、幼児的感覚や幼児的直観に引きずられています。判断タイプの合理性は、一般の常識に左右されます。常識から外れるものは彼らをいらだたせます。

## ◎外向的感覚型

### 感覚を優先させる社交家はデータに頼り判断を避ける

現実主義にかけては外向的感覚型にかなうものはありません。このタイプは事実を感覚することが発達しています。現実データ重視型というのでしょうか。全て与えられる感覚を頼りに答えを出します。一定の度合いまでは現実適応力を持っていますが、度合いが過ぎると快楽耽溺《たんでき》型になります。いかなる状況においても直接触れることのできる現実があれば安心します。

彼の理想は事実に即することであり、理念的な希望を持たず、現実に不満を持ちません。現実適応機能に優れていますが、人格の劣等機能である直観が彼に幼稚な妄信を芽生えさせたりします。この種の人物の神経症的な強迫観念は、感覚的な構えに対する無意識の反動と言えます。彼は眼前に現れてくるものを無差別に受け入れてしまい、判断による制限が欠けています。彼が思い込みにかかると、真実を意識させるために、感情を揺さぶる荒療治が必要となることがしばしばあります。

## ◎外向的直観型

### 外向きの直観型は持ち前の勘に頼って才能を見抜く

直観が支配する外向的な人は、直観が外界を基にして物事を決めるため、状況への強い依存がみられます。直観型の人が向かうのは、可能性があると感じた方角です。彼はこれから芽を出すものや将来の見込みのあるものに優れた嗅覚を持っています。可能性がある限り、直観型の人はそれに入れ込みます。理性も感情も彼を思いとどまらせることはできません。直観の優位を補償するのは彼の劣等機能である思考と感情に他なりません。直観型の道徳は自らの勘を頼り、そこに賭けることです。周囲の幸福や習慣を気にかけず、思いやりのない、怖いもの知らずとみなされます。勘を外界に生かすため、商人、実業家、投資家、政治家などに多くこの型の人が見受けられます。

この型は男性よりも女性に多く見られます。仕事よりも社交で直観が発揮されます。

社交界を通じて可能性のある男性をみつけるのに長けていますが、別の才能をみつけると平気で今までの相手を捨ててしまいます。

外向的直観型が、経済や文化の活性化に一役買っているのはよくわかります。利己的でなければ、彼は発起人、仕掛人として多大な成果を上げることができます。彼は見込みのある才能に惚れ込み、育て上げることができます。

あまりに入れ上げてしまうため、全てを捨てて新しい才能に尽くし、彼の手元には何も残らないことも多くあります。

直観型の人の無意識は思考と感情が抑圧されて、その反動で幼児的思い込みにとらわれます。大抵の場合、現実的な、病気の予感のような思い込みに陥ります。意識的には彼は現実を度外視してふるまっています。けれども無意識は現実的な強迫観念を吹き込むことが多々あります。

今言った外向的感覚型、外向的直観型を非合理タイプと呼ぶことができます。彼らの意識は眼前に現れてくるものに向けられていて、判断によって選択されていません。彼らは法則や理性に無関心なため、非合理的と言えます。けれどもそれは単なる無分別ではなく、極めて経験的に行動するという意味です。彼らの劣等機能は彼らに突飛な判断を思いつかせることがあります。合理的な構えの人にとって、彼らは気まぐれに思えます。非合理タイプにとって合理的タイプの人は勘が鈍く理詰めで縛られて生きているように見えます。異なるタイプの人々の間に、親しみが生まれることもあります。それぞれが自分と同じようなところのある人だと思い込んでお互いを受け入れるのです。この投影は後々、誤解のもととなります。

外向的な構えの人の心はつねに外界に左右されています。他人の心の内側は決定的な意味を持ちません。現代文化では外向的な構えが人間関係の基礎となっています。他人の思いは例外的に考慮されるにすぎません。

### ◎内向型

## 内向きの人は心に忠実で深く掘り下げ外を無視する

内向型の人は何かを決めるときに、外界や事実を尺度にするのではなく、内面的な思いを尺度にします。このタイプが自分を方向づける際には外からの印象が心のなかに形づくるものを拠り所にします。この傾向は自己愛的、利己的なものではありません。世界は単に存在しているのではなく、私の眼に映る姿として存在しています。

内向的な人の構えが根本においているのは、深いところに認められる心的構造です。心のうちから湧き起こる根源的なイメージが、内向型の構えを決めます。主観的判断を無条件に事実より上に置くので、外向型の人にはそれが利己的と映るのです。けれども内向型の判断は、人類の心的構造に素直に従っています。

### ◎内向型の無意識の構え

内面性が優先されているということは、外的要素があまり評価されていないということです。他人は内向的な人にとっては小さな発言権しか持ちません。内向的な人の自我と、他人が衝突します。他人は威圧的で大きな存在ですが、自我は内向型にはもろい存在です。自我を中心に生きると、他人の無意識的な脅威は高まります。内向的な人の自我は他人と触れ合っていないため、無意識的な他人の圧力は補償として強まります。他人を意識では過小評価しているのに、他人は自分を脅かすので、他人への優越感だけでも守り抜こうとします。内向型の人に多く見られる神経症の症状は神経衰弱で、神経過敏や慢性疲労を抱え込みます。馴染みのない他人は、魔物のように彼を怖がらせます。外界では何事も起こらず、彼を侵害しないことが期待されています。

## ◎内向的思考型

### 何よりも思考が勝る内気屋は助言を聞かず正しさに生きる

内向的思考型の人は理念に左右されていますが、その理念は外面的な事実ではなく心の声に根を持っています。彼が目指すのは理念を深めることであり、外へ広げることではありません。彼は他人を勘定に入れず、自分の心に沿って判断します。他人はおろそかにされ、どことなく避けられています。内向的思考型は実務能力に欠けていますが、自分の心で正しいと決めたことは誰が見ても正しいはずなので、他人の言葉に耳を貸しません。あまり親しくない人からは不愛想と受け取られ、ごく親しい人には心を許します。内向型の思考は、段階的に心の根源的イメージに理念を近づけます。

その無意識は、他人や異性の影響を不必要に恐れます。

### ◎内向的感情型

## 大人しい感情型は秘められた思いに沿って人と接する

内向的感情型の人でユングが会ったのは、ほとんど女性でした。彼女たちは物静かで近寄りがたく、子どものように見え、物思いに沈みがちで目立たないし、人前に出ません。個々の決めた感情に左右されるため、どうしてそうするのかは外からはわかりません。外に対しては控えめな好ましい態度を示し、他人に働きかけようとしません。この型の人の感情が他人とうまくやっていけるのは、他人が穏やかで、こちらの邪魔をしないときだけです。見知らぬ他人には愛想のよさは示さず、無関心に見える態度をとります。

このタイプは冷ややかで控え目なため、感情が乏しくみえますが、実はその感情は外へ向かうのではなく、内へ向かいます。感情が自我よりも高く強力なものを感じ取っている限り、このタイプは健全です。無意識的な傾向が悪く働くと、他人が悪意を抱いているのではないかと疑心暗鬼となってしまいます。

### ◎内向的思考型、内向的感情型は合理的タイプ

これらの二つの型は、合理的といえます。というのも、これらは理性的判断に従っているからです。内向的な合理タイプは理性的判断を持っていますが、それは事実ではなく主観的な理由で物事を決めます。心の声に素直に従います。他人の助言よりも心の声のほうが納得できるのです。外向型より内向型のほうが誤解を受けることが多くなります。内向型の人は世間の多数派と相容れないからです。内向型が心の声の正当性を主張すれば、その構えも受け入れられ、誤解も消えてゆくことになります。

## ◎内向的感覚型

### 内向きの感覚型は実感で先行きを決め落ち着いて見える

内向的感覚が優位を占めると、情報を理性の判断で選び取るのではなく、出来事に従って自分の行動を方向づけします。ですからこのタイプは非合理タイプといえます。内向的感覚型は、刺激によって引き起こされる実感で自分の方向づけをします。他人と実感の間に適度なバランスはなく、気まぐれな態度に見えます。そのため他人から見ると何がこの人に感銘を与え、何が与えないか、予想がつきません。この実感に釣り合った表現力があるなら、多産な芸術家になりえます。けれどもふつう、内向型の人は表現上手ではないので、その脈絡のない実感の揺らぎは隠されています。

一般に内向的感覚型は、落ち着き、受動性、我慢強さで人目を惹きます。他人の働きかけが実感に置き換えられるため、他人を軽視していると受け取られがちです。他人の影響が強く迫ってこない場合には、好意的中立の立場をとり、それを保とうとします。その無意識を特徴づけているのは、直観の抑圧であり、無意識的直観は現実の背後にいかがわしさを嗅ぎ取ります。このタイプの神経症は人嫌いの強迫神経症となります。

### ◎内向的直観型

#### 内向きの直観型は予言者で孤独に耐えて内面と語る

内向的直観が優位に立つタイプは、夢想家や予言者、詩人や芸術家の素質を持っています。一般に直観型の人は知覚を大切にして、芸術肌の場合には知覚されたものに表現を与えます。ところが夢想家は直観に満足してしまい、引きこもって謎めいた人となります。この型の人が予言者となるのは幻視が持っている意味に心奪われ、それに道徳的な声を聞き取るからです。彼の話すことは世間の人の話すことと食い違い、あまりに一人よがりです。彼にできるのは告白し、述べ伝えることであり、彼は荒野に叫ぶ説教者となります。意識的な構えが孤独なため、無意識では他人の影響力に悩まされ、強迫神経症や他人への執着を引き起こすことがあります。

### ◎内向的感覚型と内向的直観型は非合理タイプ

この二つのタイプは、外向型からほとんど理解されません。外に向かって的確な判断を下す手掛かりを示さないからです。彼らは過小評価されるか、理解されないままです。彼らの眼は豊かな心のなかの出来事に釘づけになっています。内で起きることが余りに劇的で尽きることのない刺激を受け取っていますが、それを伝えるすべを知らないのです。彼らは生きるのが下手ですが、それゆえ人間的な本音を発することになります。彼らは一見、役立たずですが、豊かな内面世界の生き証人でもあります。こうした心の構えを持った人間は、ことばで言えない世界の案内役の可能性を秘めています。

### ◎タイプ論のまとめ

以上の十のタイプを補足的に説明すると、外向的でも内向的でも、第一機能の影に副次機能が隠れて働いています。思考型には感情が、感覚型には直観が補償的に働いています。彼らの劣等的な副次機能を無理に刺激しないことが、医師には必要です。そんな介入をしなくても、無意識が意識的な構えを補正してくれることは、しばしば生じます。

# 第三章　内面との対話

## 『赤の書』

### 赤の書で押し寄せてくるイメージと対話を交わし学を深める

ユングには自分の没後まで発表を控えるように周囲に指示した禁断の書がありました。それが、この『赤の書』です。これはユングがフロイトと決別して、自分の無意識と直面していた時期に書かれた独白です。彼の見た空想や夢や幻視が余すところなく書かれています。ある意味で、これは極めて私的なユングの自分の魂との対話の記録です。これは一般の読者を想定して書かれた著書ではありません。ある意味で独り言であり、自分のための夢日記みたいな覚書です。最初は『黒の書』として書き始められ、そのあと挿絵や文言が付け加えられて『赤の書』となりました。そのなかのエピソードのいくつかは、『ユング自伝』その他で漏らされているのでユングの読者には馴染み深いものです。この時期にユングが掘り下げた考えが元型をはじめとするユング心理学の着想の原点となっている、という意味で、この覚書はユング理解に大き

◎『赤の書』（創元社刊）

く役立つものです。

そうは言っても、自分との対話や幻影との対話であり、読者を想定していない私的な覚書という意味では、たいへん読みにくく、あまりに個人的な内面世界の旅で、他人の理解を超えています。

これから、比較的有名なユングの幻視や人格化されたイメージとの対話の部分を中心に、この『赤の書』を紹介していきます。

## 大戦を予兆している氷河期の幻を見て時代を見据える

一九一三年の十月、一人でユングが旅していたときに、世界中が大洪水に見舞われている光景の幻視を二時間の間ユングは目にしました。また真夏だというのに途方もない寒さが襲いかかり、湖や川が凍りつき、緑に霜が降りる夢を見ました。次に氷河期にユングが葡萄を摘んで、群がる人々に分け与える夢を見ました。この夢は第一次世界大戦の勃発と自らの心の探求の役割の予兆だと、後になってユングは気づきました。

## 自らの心の声を聞き取ってアニマ理論の種を育てる

また、自分の魂との対話で、「あなたたちが少年であるならば、あなたたちの神は女である。あなたたちが女ならば、あなたたちの神は少年である。あなたたちが男で

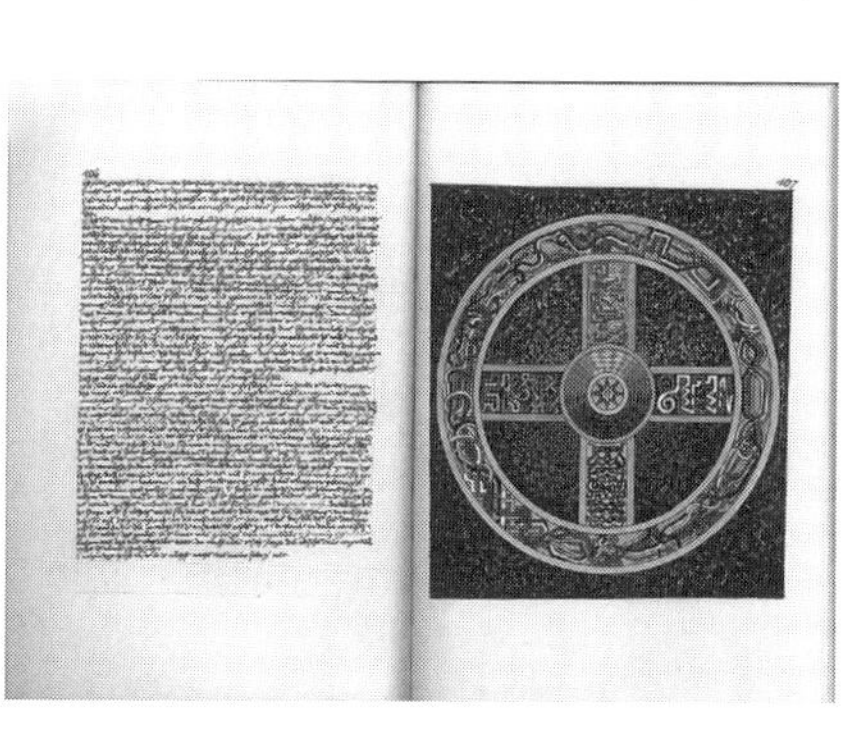

◎『赤の書』見開き

あるならば、あなたたちの神は少女である」という一種の啓示を得ました。これがのちに、アニマやアニムスという元型の理論へと発展しました。また、イエス・キリストは善と理性の神となるという誘惑に負けて、世界の闇の側面、魔的な側面を切り捨てたことを魂との対話で自覚しました。これはユングの宗教観を物語っています。

またユングは、ゲルマン神話の英雄ジークフリートをライフルで射殺する夢を見ました。ユングは同時代のドイツ人が英雄的振る舞いを他者に押しつけているのであり、その肥大した自我を押し止める必要があるという意味だと解釈しました。英雄を夢で殺してから、善悪あわせ持つ神のイメージをユングはつかみ始めました。

## 預言者と若い娘の幻に快と深みの両方を学ぶ

夜、神の本性について考えていると、預言者の老人エリヤと預言者の娘としてのサロメのイメージが現れ、ユングと対話を交わしました。老賢者エリヤは洗礼者ヨハネを殺したサロメと親子であり、伴侶であるというこのイメージはユングには秘密の開示のように思えました。エリヤは考える人であり、サロメは理不尽な快楽の申し子です。思考する者は快楽を、感じる者は思考を授かります。このことが人生の行くべき方向へ導くとユングは気づきました。

エリヤやサロメとの対話で、ユングは二匹の蛇の戦いの幻を見ました。左の蛇は昼を表し、明るい愛の世界の化身であり、右の蛇は夜を表し、物事を先取りして考える傾向の闇を示しています。ユングはサロメに「あなたはキリストの受難を経験する」

◎サロメ（オーブリー・ビアズリー画）

と告げられました。ユングはキリストの内面を経験し、自己犠牲を通じて愛と快楽をより高次の原理へ移行させました。それはユングの歩むべき道を幻視の形で示していました。

### ◎『赤の書』第二の書

## 幻想で赤い悪魔と対話して信仰の義に悦楽を添える

ユングは赤い男と名乗る悪魔の幻を見て、それと語り合いました。悪魔はキリスト教の不必要さを語り、ユングはキリストの苦悩を追体験するキリスト教の西洋での必然性を語りました。ことばを交わすことで、悪魔はユングの真剣さを身に着け、ユングは悪魔の快楽の本能、悦びの開放を受け取ります。赤い男はユングのキリスト教的な自我を補償し、心の全体性を呼び起こします。

そのあとユングは夢の闇の森で自分の女性性と出会い、ことばを交わして、男性にとって女性性には悪魔的なものが混じっていて、女性にとっても男性的なものには悪魔的なものが混じっており、にもかかわらず異性的部分を自分の内に認めることが心の成長を促すことを確かめました。その後も幻視のなかで賢者や死や愚者や地獄との対話を経ます。

## フィレモンという年老いた賢者から魔法の機微を直に授かる

そして、能動的想像の世界で魔法使いの老賢者、かわせみの翼の生えた聖衣の賢者フィレモンと、運命的な出会いを果たします。フィレモンとの対話で、ユングは魔法の真の意味を問いただします。老賢者フィレモンは魔法とは共感であり、ずるさであり、知識の影であり、非理性による灯りであり、理解できないものを伝える心の機微であることを教えました。ユングは蛇やサタンやサロメと対話し、サタンからは情熱的な人生と永遠に続く生命の違いを思い知らされ、太古の神カベイロイという原始心性の化身と話し、他人の中世（非合理な闇）を遍歴し、ついに「自らの中世」を探求するために、自分自身へと戻ってきました。中世研究は一種の退行ですが、集合的無意識への旅だとも言えます。ユングは自らの中世的なものとの対話を決意しました。それが、のちに元型や錬金術への関心へと道を開いていきます。

◎フィレモン（『赤の書』より）

## ◎『赤の書』—試練

### 自分との対話を続け降り掛かる神体験で目を開かれる

ユングは、心の上辺の部分、すなわち自我と対話をして、さらに心の奥の魂ともことばを交わしたあと、彼の神の体験を語ります。ユングは実感として自分の深みに降りて行って、神を直に体験したと感じます。ユングによれば、人は自己の核心を通して神に触れることができます。私たちは神の体験から自分を救わなくてはいけません。

なぜなら神は錯乱状態へと引きずり込む暴力的な嵐だからです。それは陶酔のなかで我を忘れる体験です。神の体験から、自分自身の核心を、自己と呼ぶものを引き離さなくてはいけません。ユングの経験した神の体験は、愛であるだけでなく憎しみでもあり、美しいだけでなく忌まわしく、力であるだけでなく無力でもあり、確かにあるけれど自分の創作物でありました。

この体験のほとんどを老賢者フィレモンの幻の付き添いで学びました。そのあと死の世界の女性からお告げを聞きました。神を突き放せという声です。それからフィレモンの幻は言いました。「魂から神的なものを取り除くのだ。自分の魂からも距離を置き、死者と語らえ。」それから老賢者フィレモンは、万物の原理を語りました。これが有名な、ユングの「死者との七つの語らい」という覚書です。

## 老賢者フィレモンは説く死者たちに万物をなす深い教えを

フィレモンは死者たちに言いました。

「一切は無である、この無あるいは充実をプレロマ（原初体）と呼ぶ。人はプレロマそれ自身である。人は永遠にして無限なものの一部である。けれども人は他方、有限体（クレアツール）としてプレロマから遠ざけられている。有限体でありながら、人は全体性を取り戻そうと苦闘する。これは個性化の原理と呼ばれる。プレロマ、万物の故郷は対立物の一致である。

神でさえ一種の有限体である。分別の最初として、無は神と悪魔に分化する。

その正体は奇怪なはたらき、グノーシス教*の生と死の神アブラクサスである。人はアブラクサスから善と悪との母なるものを経験する。

教会の神の真相は、母性と父性である。人の弱さのために、共同体は人に必要とされる。共同体のなかで人は個として生きる。

だが、人は門である。それを通じて霊は神々、魔物、魂のいる外界から、内奥の無限世界へ入る。そこに輝く星がある。それがアブラクサスである。こちらには人がいて、あちらには神がいる。こちらは無力で、あちらは永遠。」

このように老賢者フィレモンは死者たちに七つの語らいを行い、ユングはそれを聞いていました。

フィレモンは心のイメージは自律的であり、ある種の現実であり、人の意志とは無関係に自ら動いていることをユングに示し、ユングに教えを授けたことを救い主の影に伝え、褒美に甘美な苦しみを受け取って去りました。

## 道教の教えが届き赤の書の対話を止めて現実に戻る

ユングはこの『赤の書』に、十六年間にわたって取り組みました。一九三〇年に錬金術と出会ったことが、ユングをこの書から遠ざけました。一九二八年にリヒャルト・ヴィルヘルム*が錬金術的な、中国の道教の書物『黄金の華の秘密』をユングに送ってきたことが、直接のきっかけとなりました。その本に出てくることが、自分の描いたマンダラ的な図柄や西洋の錬金術とあまりに近いものを持っていたので、ユング

**＊グノーシス教**
ヘレニズム時代を中心に流行した、本来の自己の認識による救いを説く宗教思想。

◎アブラクサス

**＊リヒャルト・ヴィルヘルム**
（一八七三〜一九三〇）

ドイツの中国学者、神学者、宣教師。中国に二五年住み、中国語を自由に操り、中国文化を研究した。『太乙金華宗旨』のドイツ語訳『黄金の華の秘密』で有名。

は新しい課題をみつけ、現実への道筋を見出して、もはやこの内面との対話の本を書く必要がなくなりました。

この『赤の書』の内容は一見、狂気の沙汰に見えることをユングは自覚しています。錬金術の知識の助けを借りて、ユングは内的体験を注意深く整理することができました。ユングはこの対話が貴重なものを含んでいることがわかっていました。そのため一冊の豪華本として記録して、幻視を絵に描いて保存するのがよいことだと考えました。これがどれほど世間を驚かせ、また学者としては不適切だったかを、ユングは十分承知しています。けれどもその後もユングは、この書の夢や幻や空想との対話を、自分の学問を歩む際の指針としていました。

# 『個性化とマンダラ』

## 人生のしがらみからの解決に役立つように好きに絵を描け

一九二〇年代にユングはアメリカで、大学卒の一人の婦人（X夫人）と知り合いになりました。婦人は心理学の心得があり、知的で、父親の影を持つアニムスを心の友として暮らす女性でした。彼女は母親との離反がありましたが、母親の故郷スカンジナビアのデンマークを中心にヨーロッパへ旅することで、母に近づくことが自分にプラスになると感じました。

こうして彼女はユングに会いにチューリッヒに来る前に、デンマークに立ち寄りましたが、その地で思いがけなく絵を描きたいと思いました。それまで美術に興味はなかったし、絵の才能もなかった彼女でしたが、何枚かの簡単な水彩画の絵を描くことで、不思議な満足感を覚えました。チューリッヒに着いても絵を描き続けていましたが、突如岩場に囲まれ囚われの身となったイメージに襲われ、それを絵に描きました。

絵１

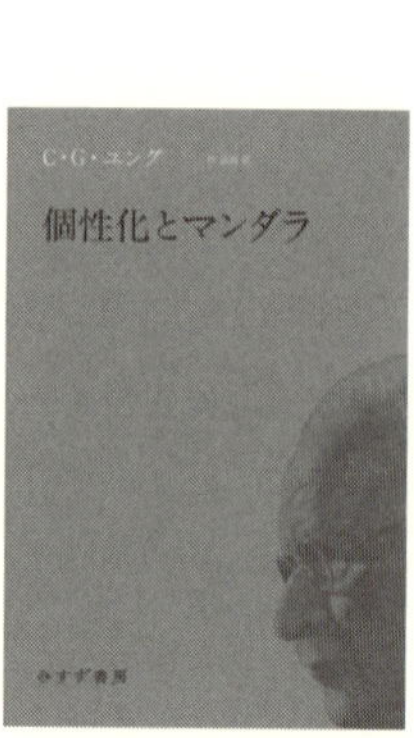


◎『個性化とマンダラ』林道義訳（みすず書房刊）

そこは母の国の風景でした。（絵1）

心理学的にはこの絵は無意識にとらえられていることを意味していました。彼女は母なる大地のなかに半分はまり込んでいて、秘密を含む母親の一部と同化していました。絵によれば、彼女は無意識にとらわれていて、ユングに魔法による救いを求めていました。ユングはこの絵を見て考え込みました。というのもユングは、彼女のしがらみからの解決が予想できない個性的な形でなされる気がしたからです。

## 本人の絵が下手なのを利用して無意識がその正体を示す

ユングにわかるのは、彼女の絵が下手なことを利用して無意識が自らの輪郭を露わにしたということです。彼女は岩を描こうとして卵のような形を描きました。卵は命の兆しであり、原初世界や発達した人格のシンボルでした。この絵からユングは、無意識がどのような解決を予見しているのかを読み取りました。その解決とは、「個性化」です。それは、彼女の求めている人格の深化に出口をみつけることです。そこで無意識の向かう先を知るために、想像の赴くままに絵を描き進めることを勧めました。

## 人々は知らないうちに人格の全体性をマンダラで描く

婦人は丸石と稲妻の絵を描きました。（絵2）球体によって人格の全体性が強調され、かつては魔法使いのイメージだったユングは絵のなかで稲妻として、彼女の直観

絵2

絵3

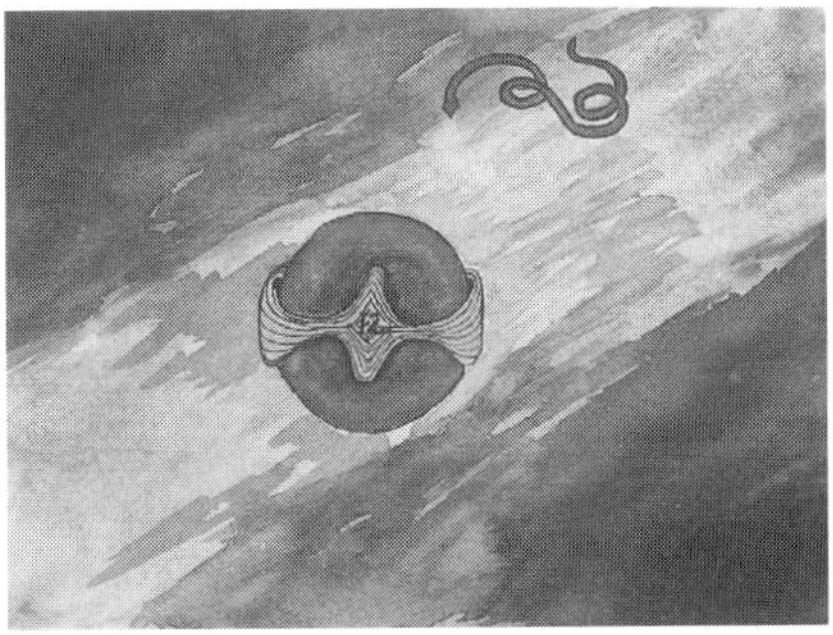

を助けるように望まれていると気づきました。ユングはこの球体の円が心理学的には自己の全体性を表すマンダラであることはわかりました。

婦人が描いた第三の絵は、雲の漂う空間に紺色の球が浮かび、銀の帯が巻き付いています。球の右上に蛇がいて、それは稲妻の変化した姿でした。彼女はこの絵の瞬間を人生の頂点と感じ、浮かんでいる球体を大地から解き放たれた真の人格だと自ら理解しました。水銀の巻き付いた球体というのは錬金術の、蛇の巻き付いた世界卵、揺れ動く心に包まれた真の人格を示しています。

第四の絵は球体に蛇が入り込んでいる絵でした。彼女はこの絵を、「意識は性を好き勝手に扱うようであっても、実際には深い自己に従っている」と読み解きました。第五の絵では蛇は下降して脅威が去り、球体は受胎して四つに分かれようとしています。この絵は四者性を表していますが、それは心理学的には無意識内容の意識化を示し、そこから切り離された蛇は、悪の原理と考えられます。第六の絵も全体性の円、マンダラが描かれていますが、右向きの卍でもあり、明るい意識への上昇を表し、意識を救おうとする努力を表しています。

第七の絵では暗黒が全体性を示す円、マンダラの中心に入りこんでいます。それは中心から放射する金色の光で補われています。黒点は母親でもあり自分でもある女性の自然性を意味し、金の光は十字に広がり、自己が周囲に広がる作用を意味しています。第八の絵では、内部全体が黒いもので満たされています。これは闇の原理の受容と言えます。第九の絵で赤い地の上に青い心の花が描かれます。中心には金色の光があって、ランプの形をしています。これは不動の心をもって全世界に光を放つという

絵4

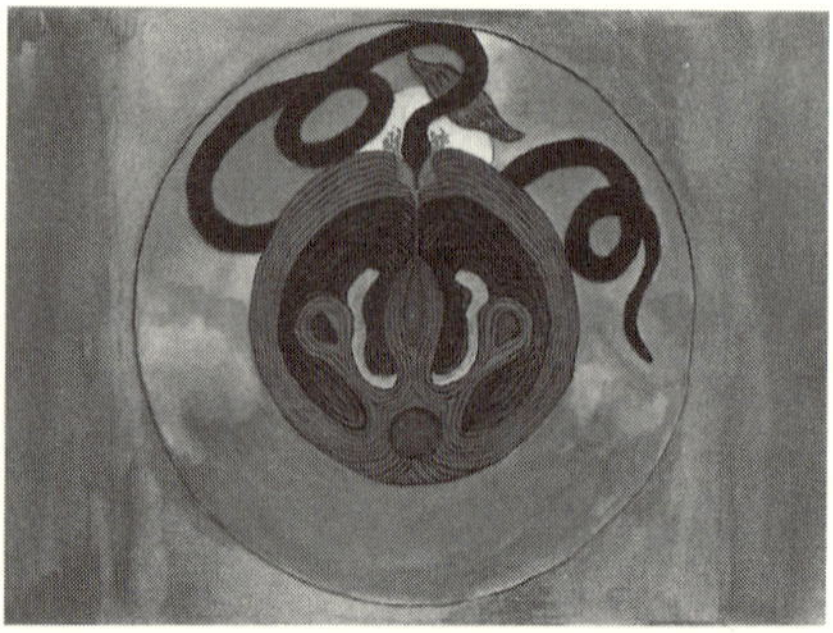

絵5

意味です。この絵の上半分は拘束されていないことを指し、下半分は大地からの成長を指します。

十番目の絵は上下で分かれ、中心に心の花が位置します。夜空には四相の月が出ていて、二羽の鳥、人に似た山羊、二匹の蟹が描かれています。さまざまな組み合わせを対称的に描くことで内的なバランスを保っていますが、無意識内容が意識的な分化として現れようとしています。十一番目の絵でわかるのは、中心から発していた光が消えてかかっていることです。この絵では外界の影響が強烈になったために、心の全体性を示すマンダラが傷つき価値を低下させているということです。

## 人格の深まりあるいは個性化の象徴としてマンダラを読む

これまで述べてきた、能動的想像による一連の絵は、人格の個性化の深まりの最初の部分を描き出しています。これらの絵は人格の未来の発達の直観的な先取りであるから、そこを注視するのは大切なことです。絵の助けによって無意識の内容を意識に取り入れれば、意識も予感された深みに近づきます。

この事例は心の深まりの自発性と、個人的な事情が人格の全体性の回復へと移り行くようすをはっきりと示しています。この研究は、一連のマンダラの内的な変化を理解しようとする探求のひとつです。描いている間に絵は自ずから出来上がってゆき、しばしば自我の意図とは反対のものになることもあります。

ユングはマンダラを心の赴くままに描かせる方法とその読み方を、長いあいだ秘密

絵6

絵7

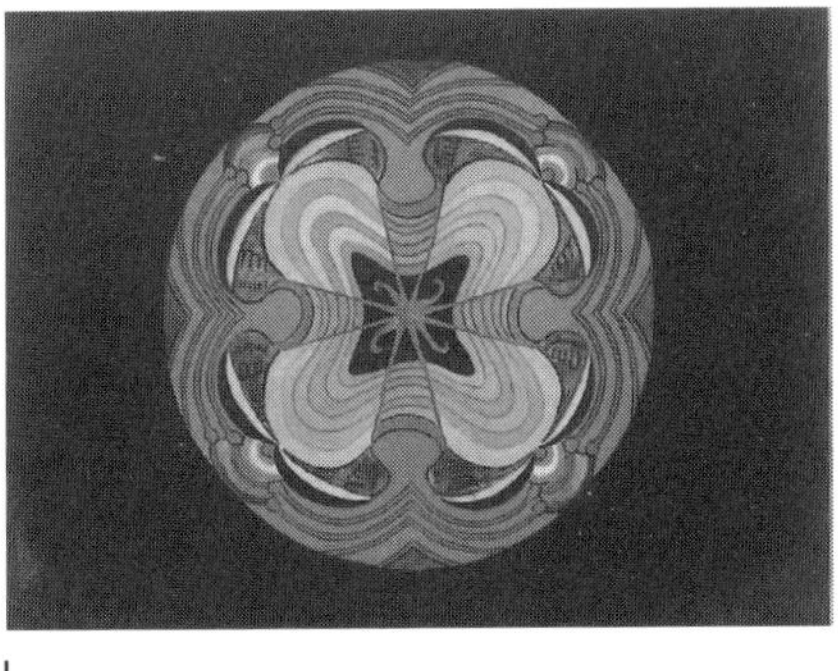

にしていました。それは分析を受ける人に余計な暗示を与えるのを避けるためです。というのもユングは、心の全体性を表す円形のマンダラがユングの独断ではなく、自発的に生まれてくることを確かめたかったからです。

マンダラは東洋の瞑想の道具で、心の秩序を作るのに使われ、心の全体性ないしより深い自己の視覚的表現であります。東洋のマンダラを知らない人々の絵にこれが生まれてくるのは、集合的無意識からくる元型が作用しているからです。

## ◎個性化とは何か

### 無意識と意識を含む人格の全体性を目指す個性化

『個性化とマンダラ』ではこのように、個性化すなわち自分自身になることの象徴として円相・マンダラの図柄が描かれることを説いていますが、この本のなかで、個性化の少し詳しい説明があります。大事な話題なので、ここで取り上げることにしましょう。

意識と個性化との関係は、治療の、あるいは無意識と向き合う歩みの、後期に必ずと言っていいほど現れる問題です。ユングは個性化ということばを、その人の心の全体性を作り出す旅という意味で使っています。自我とその内容だけでは、人格の全てとは言えず、無意識の流れもその人の人格に含まれるはずです。心の全体は無意識の領域と意識を含んでいるはずで、自我は人格の中心ではありえないことがわかります。

絵8

絵9

## 無意識は明日の自分も暗黙に察知している影の現実

人は無意識を無と呼ぶけれど、それは潜在している現実です。人が考えることやすること、さらに具体的にいえば明日嘆くことになる運命は、すでに今日、無意識の中に潜んでいます。無意識は二つの顔を持っています。一方でそれは太古の古い部分に根差していて、他方でそれは未来を先取りしていますが、運命を決める可能性の芽が育っているからです。夢に現れてくるものは、過去や記憶の痕跡として今、心に現にあるものから起こっています。夢は太古的記憶を備えていますが、心がどこかへ向かう素材としてそれらは使われます。意識は無意識的な心から派生したもので、無意識は意識よりも古く意識の背後で機能し続けます。無意識的な動機が意識的な決断より優れていることが、人生の一大事によく見られます。

## 反発しときに手を取る無意識と統合すれば個性化に至る

無意識は夢、空想、幻視、情動、ひらめきなど多くのものを生み出します。無意識内容を調べてみると、そこには多くの太古的な歴史につながる元型的なイメージがみつかります。意識と無意識はどちらも人生の一面です。意識は理性と覚めた私を守るべきであり、無意識の自己流の流れも活かされるべきです。意識と無意識はときに反発し合い、ときに力を合わせます。心という鉄はこのように、打たれて初めて壊れな

絵10

絵11

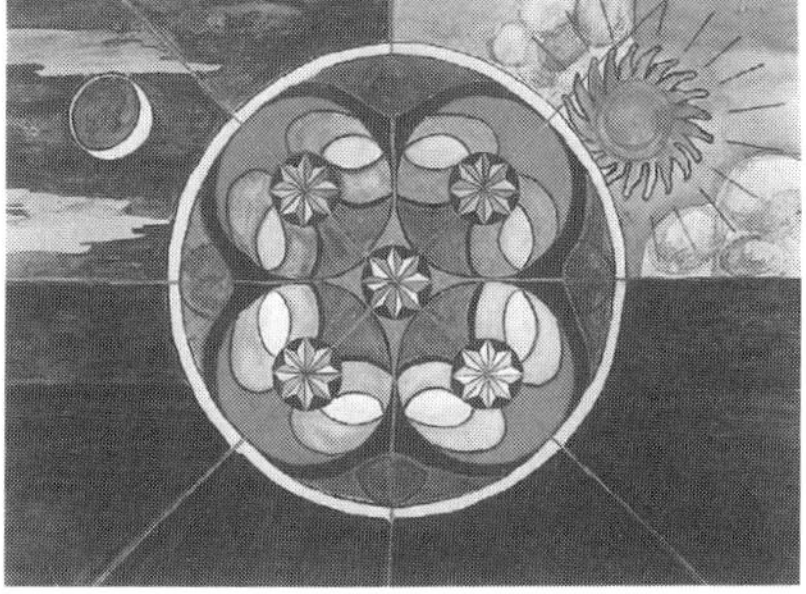

い全体に、つまり自分らしい「個体」になります。このようなことが、ユングが個性化の過程と呼んでいるものです。

## 無意識と意識を結ぶ個性化を助けることが目指す方向

個性化の過程は、自我と無意識の葛藤から生まれる人格の全体性への発達の歩みと言えます。この人格の深まりに伴って描かれるシンボルの意味するところが、錬金術の取り扱ったイメージとまさに一致することが、ユングの『赤の書』以降の関心を占めていきます。意識的なものと無意識的なものの調和を目指すことが、個性化の過程の向かう道ですが、その処方箋は定かではありません。それは理性を超えた心の流れであり、特定のシンボルで表現されます。

この人格の深化の歩みを手助けすることが、治療家の仕事です。この場合、個性化のプロセスのシンボルをよく理解しておくことが必要です。そこで意識と無意識の結合が先取りされているからです。この結合から新しい人生の進展や目覚めが生まれるのです。このように人格の全体性への深化を助けるのが、ユング心理学の目指す方向性だと言えます。

◎ブータンのマンダラ

# 第四章　批評と宗教観

# 『現在と未来』――ユングの文明論

## ゲルマンのヴォータン神の元型が人を乗っ取るナチの熱狂

ユングの文明論『現在と未来』は心理学が現代史に対して何が言えるのかをまとめた本です。まず、「ヴォータン」という文明論に圧倒されます。これは明らかにヒトラーとナチスと熱狂する国民を分析した論考です。ユングによれば、ドイツ人はゲルマン民族の放浪と熱狂と憑依の暴力的な神ヴォータンに再び憑《つ》かれたのであり、この場合ヴォータンは個人の意志を越えた無意識から来る圧倒的な元型です。

ヒトラーはヴォータンのように振る舞い、国民もヴォータンの強制力に憑依されています。ユングは、明らかにナチス騒ぎとは集団的ヒステリーであるとも言っています。ヴォータン論はナチスの台頭の同時期に書かれているので、ユングの中にあるのはヴォータン元型の暴発だ、という驚きと戸惑いであり、それに対する処方箋を考え出すには至っていませんでした。

◎『現在と未来』松代洋一編訳（平凡社ライブラリー）

## 特定の人種に悪を投影し排斥するとナチズムになる

のちにナチス論を総括した「影との戦い」では、答えが整理されて明快になってきます。ユングによれば、「ヒトラーのうちに、全てのドイツ人は自分自身の影を、自分自身の最悪の影を見るべきだった。この影を意識し、対処するすべを学ぶことは、万人に引き当てられた宿命である」と判断を下しています。

ユングによれば最悪なのは、自らの心の要素を成す悪を他人のうちに投影し、憎み、排斥することとです。私たちが影などと呼んでいる自らの負の要素を意識し、対処する回路が必要なのです。

すなわち、ユングが言うには人間には自らの悪と付き合う能力が必要なのです。ユングによれば、経験の教える限り、悪の源泉は人間自身にあります。悪とみられる影を洞察するならば、自らの不完全さを洞察する賢さが生まれます。この悪や影の意識的な認知こそが、人間関係になくてはならないものです。影としか見えず、人間の心の劣等性としか思えないものも、実は単なるネガティヴなもの以上の何かを含んでいます。治療の過程で人は魂の底にまどろむ未知の力に直面します。これらの根強い影や元型が、建設的な方向を取るか破局に向かうかは、ひとえに意識の覚悟と態度にかかっています。自己認識への努力、それをユングは個性化のプロセスとも呼ぶのですが、それは意識の一面的態度を補償し、自分が何を避けてきたのか、そのなかに意識的生活に取り入れることのできる要素はないのか、ヒントを与えてくれます。影の意識化の努力を放棄して意識が一面性に突き進むとき、抑圧した影や元型が暴発するのだと言えるのです。

## 『創造する無意識』

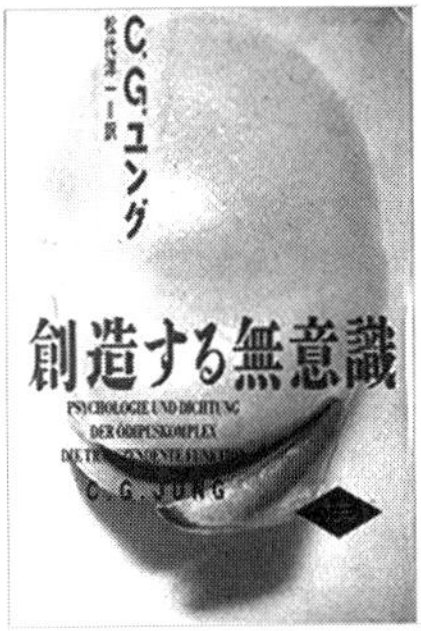


◎『創造する無意識』松代洋一訳（朝日出版社）

### 魂の深みに触れる元型を創造性に活かす芸術

ユングの『創造する無意識』は、アーティストと集合的無意識の関係を説明する書です。

芸術家を分析してゆくと、常に見せつけられるのが、無意識から迫りくる芸術創作の衝動というのがいかに強く、また、気まぐれで圧倒的なものであるかという事実です。

芸術作品の内に表出してきたイメージは、集合的無意識の内のどの元型的イメージに帰せられることができるかによって、心理学的に理解できます。作品の源流が、作者の個人的無意識にあるのではなく、人類共有の財産である元型的イメージを含む領域に根差している場合に、とりわけ元型による理解が有効です。

原初的イメージ、すなわち元型は繰り返し歴史の中に姿を現します。

元型に関わることは実際の体験か言葉かを問わず、感動的だとユングは言います。

元型と共に語る者は個人的体験を人類の運命に変え、私たちを助ける力を呼び覚まします。作品は無意識の力を借りて普遍性を得るのです。ゲーテの『ファウスト』やニーチェの『ツァラトゥストラ』がその代表です。

日常の心理描写の小説には、集合的無意識の要素が少ないでしょう。それに比べて幻視的な作品は、まるで人類以前の太古の深みから発しているように見えます。それは人間の理解力を超えた原体験なのです。あるときは魔的な闇であり、あるときは天の兆しであり、ことばにできない美の深みであるとユングは言います。

詩人はときに、意識の古層に属する多様な世界を垣間見ます。すでに人類の誕生期にこの得体の知れぬものを呪祝した形跡が見られます。芸術家は人類の無意識に働いている魂の担い手であり、再創造者です。芸術家の経験をたどるならば、芸術家は、癒し、手を差し延べる魂の深みに触れたのだとわかります。

意識は無意識内容から表現手段を借りています。私たちは自分の個性化のプロセスを見守るために、無意識からやってくる着想に手を加えず主導権を委ねることにしよう、とユングは言います。そうやって無意識内容をつかんだら、今度は意識と照らし合わせる作業が必要となります。無意識の言い分にも耳を傾け、人生に取り入れて意識の全体性を取り戻すことが、アートの心理学的価値です。

ユングは自分の無意識の暴走に出会い、無意識の望むものに形を与えることで成長した、その自分の経験から語っているだけに説得力があります。

ユングの芸術観を知り、心の深化に生かすには最良の本と言えます。

◎ドラクロア画のファウスト

## 『ヨブへの答え』

◎『ヨブへの答え』林道義訳（みすず書房刊）

### 旧約の不義なる神の理不尽を直に揺さぶるヨブの問いかけ

ユングが書いた『ヨブへの答え』とは、聖書の心理学的な読み解きです。この種の試みが信仰厚い人々や聖職者から強い批判を浴びることは、ユング自身、発表前に予測していました。そこで序文の「好意的な読者に」のなかに、すでにその弁解を用意しておきました。

この本は聖書の神の変化の過程を心理学的にたどり直した本で、宗教とは物理的にこれが正しいとか正しくないとか判断すべき分野ではなく、心にとっての一種の現実であるとユングは言います。

イエスの復活とか乙女マリアの懐胎というのは物理学的に判断するのでなく、それが信仰者にとってある種の現実であるという視点で読まれなくてはいけません。その態度を、ユングはこの『ヨブへの答え』で採用しました。

聖職者でもない自分が、ある意味で素人として、聖書に取り組んだ書物だとユングは言います。とはいえ、心の専門家として、心理学的な立場から聖書に向き合ったと言うのです。この聖書の読み方は、心理学者である自分の個人的な立場から書かれている、とユングは前置きします。

けれども、自分の見方の背後には、同じように感じている多くの人々が控えていることをユングは確信しています。だから自分の個人的な見方だけれども、心理学的に言って妥当な意見のひとつとして聞いてほしいとユングは言うのです。

この本はユングの聖書観がわかる貴重な書であり、聖書の神の変化を心理学的に読み解く野心作です。

『ヨブへの答え』の最初で、「ヨブ記」以前の旧約聖書の神の特徴が詳しく検討されています。ヨブ記以前の旧約の神は、建前上は義の神ですが、その行いを見れば、怒りに任せて町を滅ぼし、人を滅ぼす不義の神でもあることがわかります。

神は古代の王のような性格で、絶対的な力を持ち、人間とは比べものにならない偉大な者でありますが、人はその機嫌を損ねると神が何をするかわからない恐ろしい者だとわかっています。神は嫉妬深く、怒り易く、気まぐれです。人間はそのことをわきまえているだけ、神よりも意識的です。

その行いを止める者がいないだけに、神は歯止めが利かず、無意識的です。

そんな前提で「ヨブ記」が始まります。神の生んだ疑いの心の化身、サタンが神に提案します。ヨブは神を畏れ敬う敬虔な男として知られていますが、果たして本当でしょうか。今は満たされているので神を敬っていますが、不幸になるときっとあなたを呪いますよ、とサタンは賭けを持ちかけるのです。

それ以降、悪霊の力を使って、神はヨブに次々と理不尽な災難を起こします。たちまちヨブは家畜を奪われます。彼の僕《しもべ》たちや、息子や娘たちも打ち殺され、妻や友人から裏切られ、裁判での訴えも退けられます。ヨブは病に冒されて死の淵をさ迷います。ヨブの苦しみと神の賭けがなぜ突然終わるかは簡単には理解できません。ヨブは神の持つ矛盾に気づき、聞き届けてもらえるはずがなくても、神に対して事情を説明しようという決意を持ちます。神は信仰深い私に、なぜこのような不義を行うのですか、と問うのです。

それに対して神は、ヨブに稲妻と雷鳴を示して全能を見せつけ、自分が創った大きな獣を見せつけ、私に口を挟むものは誰かと一喝します。それに対してヨブは口を押えて沈黙し、あなたは一切を成し給う全能の神です、と答えるしかありませんでした。神は一方では自然災害その他で無茶苦茶にふるまい、他方で愛され、敬われ、祈られ、正しいと称えられたいのです。このような神に対しては、人はただ恐れおののいて服従し、絶対者をなだめるほかありません。このドラマは永久に幕を閉じ、神の矛盾が明るみに出ました。

### 理不尽で不義だと問われ神の子や知恵文学で神が答える

神は不義で理不尽ではないかという意識の立場からのヨブの問いかけに、神はそれ以降の聖書の歴史で答えようとしました。まず父なる神に欠けている女性性を補うために、知恵文学と呼ばれる一連の慈悲の物語が登場しました。それからさらに、エノクやエゼキエルという神の息子が聖書に姿を顕わします。

## 不条理な神が愛へと身を変えたヨブへの答えイエス・キリスト

けれども、ヨブへの最終的な答えが与えられます。それは神自身が人間となって地上のあらゆる苦しみを自ら経験し、人間の感情を知って天に帰るというイエス・キリストの登場です。神の意志が善なる息子イエスを産み出し、自ら善なる愛の神の像を築いたのです。

暴力的で嫉妬深い旧約の無意識的な神が、ヨブの「あなたは理不尽で不義ではないか」という意識の立場からの問いかけによって反省し、怒れる神から愛の神へと成長する、その答えがイエスであるという聖書の読み方は心理学的にも納得できる解釈で、旧約と新約を結ぶ一貫性を持ち、神が反省して成長するという点が斬新です。こうしてヨブへの答えとしてイエス・キリストという着地点が与えられたという読みとなるのです。

けれどもユングはここで話を終わらせず、若干の意見を付け加えています。

神が自ら人間イエスとなって降臨し、善なる愛の神という一面性を前に出してしまったために、それに対する新たな補償をキリスト教は必要としました。それが反キリストであり、ヨハネ黙示録の破壊的な神であり、聖母マリアが神性として天に迎えられる聖母被昇天の公認という女性性の回復です。このように三位一体に悪や女性性を加える必要性があることを、ユングは彼の宗教論で主張し続けます。

## 『心理学と宗教』

◎『心理学と宗教』村本詔司訳（人文書院刊）

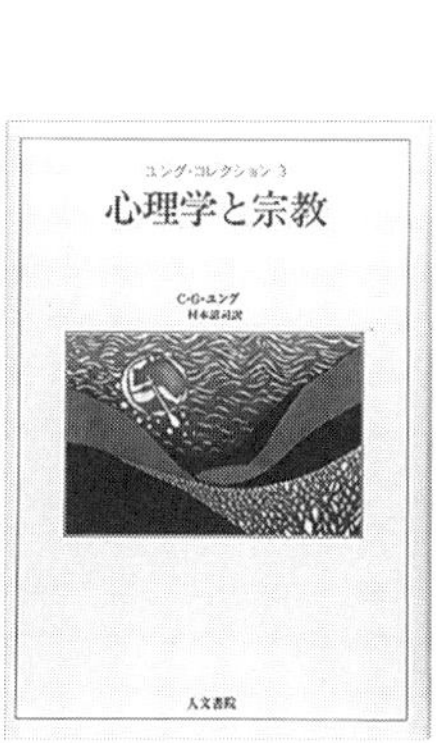


### 細心の注意を払い宗教は聖なる淵の奥をみつめる

ユングが宗教について語るとき、宗教ということばで何を意味しているかと言えば、レリギオ（再びつなぐこと）という語源からもわかるように、宗教学者ルドルフ・オットー*がヌーメン性（畏怖作用）と呼んだものを、注意深く良心的にみつめることです。この畏怖作用とは力強い作用で、意図的には引き起こせません。その作用が人を捉え、突き動かすのです。畏怖作用は目に見えるものの性格か、目に見えないものの影響ですが、それが意識にある種の変化を引き起こすのです。けれども実際の宗教行為では祈りや修行や儀式で、畏怖作用を演出しようとします。

宗教とは人を超えた力を注意深く考慮して観察することで、その力を意味深いものとして尊重することです。宗教は畏怖作用の経験によって変化した意識に特有の態度と言えます。心理学者は唯一絶対の教義かどうかは度外視して、人類の根源的な宗教

**＊ルドルフ・オットー**（一八六九〜一九三七）
ドイツのプロテスタントの神学者で、宗教哲学者。『聖なるもの』（岩波文庫）で有名。

体験を注視しなくてはいけません。ユングの立場は、宗教的人間の心理学です。具体的には、自分と患者の宗教心の心理学です。神経症の原因は心の病です。悩みを医師に告げるだけで熱が下がる患者もいます。魂とは心的な現実であり、心は確かに存在します。人には無意識のなかに住んでいる非人間的な力を恐れる理由があります。人の心を単なる個人的な関心ごとと考え、個人という見方からのみで説明しようとするのは致命的な誤りです。例えばフロイト的にロシア革命の理念を父殺しで説明しようとしても不十分すぎます。

集合的な力の介入で起こる性格の変化には驚かされます。温和で理性的な人が狂信者へと変貌してしまうのです。狂気の人であれ、群衆であれ、非個人的で圧倒的な力に突き動かされています。患者が自分が癌だと信じ込んでいるとき、その背後には逆らえない無意識の力が働いて、意識的な人格を脅かしています。

## 人間の力を超えた聖性が夢の形で訴えてくる

けれども例えば、夢など信じるに足らないという偏見が、無意識を知ろうとするのを妨げています。夢は多くの宗教で人に働きかける力だと捉えられています。中世の教会の文書では、神の影響が夢において生ずることがありうると認めています。神の知らせを含む夢もあると考えています。

ですから現代の無意識の発見と夢の重視は、教会にとって歓迎できないものではないはずです。プロテスタントは個人の神体験を受け止める教会の作った象徴を欠き、個人の主体性を重視するあまり、分派運動に走っています。合理主義で心を見ると、夢のようなものを見逃す恐れはあります。

ユングの扱ったある患者の見た四〇〇以上の夢の記録のなかに、明白に宗教と関係のある夢があります。その一つの夢の前半では、宗教は単なる個人の経験だというある種のプロテスタントの見方は、夢見る人によって否定されています。この夢の後半では、快楽主義に味方をする論議に終始しています。

この患者は、ある厳粛さと精神集中のための家に入り込む夢を見ます。この家はカトリック的ではありますが、そこに四つのピラミッドの頂点に一本ずつろうそくが燃えています。

ここで目を惹くのはろうそくの配置の四者性です。四者性とは、神や完全性や聖なるもののイメージとして四つの数のものが特別視されることをいいます。四者性には長い歴史があります。キリスト教の図像や神秘的瞑想に現れるだけでなく、グノーシス教の哲学やキリスト教の古くからの歴史のなかで、人格の全体性を表す重要な役割を果たしてきました。

## 人格の深みからくる呼びかけが自我のひずみを夢で補う

この夢では、四者性は無意識の心が創造した宗教儀礼の重要な鍵として現れています。夢見る人は、夢のなかで独りで「精神集中の家」に入ります。そこには老賢者がいて、これは浄めの儀式だと告げます。夢で彼は声を聞きます。この夢の声は、夢見る人のなかの、より完全な奥深い人格の声だと考えられます。夢の声の意味するところは、「お前は宗教によって自分の無意識から逃れようとしている。宗教を自分の魂の半面の代用にしようとしている。だが、宗教は人生の完全さ、すなわち両面を含んだ人生の結実であり、極みなのだ。」という意味です。患者の性格を考慮すると、患者は常に自分の感情的な欲求を避けようとしてきたのです。感情的な欲求の結果、結婚、内面の危機、魂の望みなどに巻き込まれることを恐れていました。

## 経験に注意を払い考慮するそれが宗教的な謙虚さ

ユングが治療を始めたとき、彼は心の声にたいへん怯えていました。けれども彼には幸い「宗教＝レリギオ」がありました。すなわち彼は自分の経験を注意深く考慮に入れたのです。彼には自分の経験に対する「誠実さ＝ピスティス」が十分あったので、それを大切にすることができました。自分の夢の体験を無視しようとすると、神経症の症状が現れました。彼は心の火を消すことができず、自分の経験には深く聖なるものがあることを告白せざるを得ませんでした。

## 伝統の宗派の眼から個人的神体験に歯止めが得られる

ふつうに宗教と呼ばれているものは、驚くほど間に合わせでできているので、この種の宗教が社会でどれぐらい重要なのか自問せざるを得ないほどです。間に合わせを欲するのは、直接体験を教義や儀礼の象徴に移し替える必要があるからです。こうした象徴を守ろうとして、カトリックは教会の権威を用い、プロテスタントは福音に照らし合わせます。そのおかげで自分の宗教経験が、どれほど相手にするに足るものなのかを判断してもらえるのです。

## 幅広い患者の夢の聖性は元型的な力から来る

ユングは精神医として、自らの神体験をカトリックやプロテスタントの教えとは異なったものとして告白する患者を多く見てきました。それは正直に言って、グロテスクでおぞましいものが多く含まれています。カトリックやプロテスタントの象徴や教えは、個人の異様な神体験を鎮める役割がありました。ユングの家系はプロテスタントですが、治療に有効な限り、カトリックの信仰を支持します。けれどもユングは、もうカトリックの伝統的な教義や儀式のシンボルで収まりのつかないところに来てしまった患者を多く知っています。近代人は注意深く築き上げられてきたキリスト教の精神的な防壁を失っていて、大戦で知られているような無意識の暴発に曝されています。けれども、仮にプロテスタントで教会から自由なら、宗教経験を直に得る機会も与えられているのです。

患者の無意識のはたらきの宗教的な面を伝えてきましたが、このような経験の価値を計る尺度はありません。ユングの患者の場合も、四者性やそれを含んだ円、車輪、太陽といった心の深みのシンボルの一部が出てきますが、四者性は明らかに聖性の無意識の表現です。

それは心の深いところのイメージの祖形、すなわち元型に由来するので、プラトンからアウグスティヌス、錬金術の理想のなかに、四角くて丸いもの、という象徴が豊富に見てとれます。

## 無意識の心の奥の四者性うちなる神の古いシンボル

歴史のこの部分をユングの患者がまるで知らなかったのは、驚くに値しません。四者性は古くからの、先史時代からの象徴で、創造において現れる神の明らかな表現です。近代人の無意識的な夢に現れる四者性は、内なる神を意味しています。心理学者はその多くの実例を見てきたので、四者性の聖性の象徴が心に根差していることは疑う余地がありません。こうした元型の経験には畏怖作用があり、一種の宗教経験と受けとれます。

## 信仰の三者性には欠けている女性性やら悪を加える

キリスト教の中心的なシンボルが三位一体なのに、無意識の心の定式が四者性であるということは注目に値します。悪の原理が三位一体には欠けているので、悪魔が活躍する余地が生まれるのです。四者性は内なる神だけでなく、神と人の同一性も暗示しています。これも教会の教義としては異端でしょう。けれども近代人は、何らかの神体験があるとしたら、それは心の体験だと気づいています。患者たちの告白を通して、精神医は無意識が生み出す象徴の意義に目を向けざるを得ません。教義は三位一体を主張しますが、無意識の心はこれを四者性に変容させます。

三者の次に来るのは、悪または大地、あるいは女性性です。無意識は三者性に欠けているものを補完しようとします。四者性の必要を説くことの倫理的意味を論じるのではなく、単に心の奥に根を張る要求であると言うことに留めておきます。円の象徴もこの患者の夢に数多く出てきます。

## 夢にみた宇宙時計のイメージは心の旅の果てに出てくる

なかでも意味深いのが、宇宙時計のイメージです。この幻はそれまでの夢で暗示された全てのものをまとめあげています。円、球、四角形、回転、時計、星、十字架、四者性、時間などの象徴から、意味のある全体を作ろうとしています。なぜこの宇宙時計が「侵し難い調和」の感情を引き起こすのかは理解が難しい話です。けれども、プラトンの『ティマイオス』篇の二つの円や錬金術の四者性の象徴、仏教のマンダラなど類似の調和のイメージが理解を助けてくれます。このようなマンダラや四者性が象徴しているのは、人に眠っていた、今、目覚めようとしている内なる神か、その空間的な器でしょう。

## 内的な神体験とシンボルは救いになれば神の賜物

ユングの見てきた多くの患者は、心に向き合うために、悪魔か深くて青い海のどちらを選ぶかを迫られています。率直に言えば、マンダラ的神性か、神経症かの分かれ道に立たされています。宗教経験のある人は、生命、意味、美の源泉を自分に与え、世の中と人類に新しい輝きを与えてくれる大きな宝を内に秘めています。このような信仰が幻想だと誰が言えるのでしょう。心理学は、無意識が生み出す象徴を注意深く考慮に入れるのです。神経症はあまりに現実的なものなので、助けになる経験も同じぐらい現実的でなければいけません。もしそれが人生にプラスに働くならば、これこそ神のおかげだった、と言って構わないでしょう。

# 第五章　錬金術

# 『転移の心理学』

『転移の心理学』は、ユングが取り組んだ錬金術の心理学的な視点からの研究のひとつです。一連の錬金術研究のうちでも、ユングの主張の核心を端的に表した好著と言えます。ただ、これがなぜ転移の心理学と呼ばれたのか、少し理解が必要です。転移というのはふつう、あるイメージを患者が治療者に投影することを指していますが、治療者がそれに応じてしまうのを逆転移と言います。この本ではユングは、そのような意味で転移ということばを用いているのではなく、医者と患者の相互作用のことを転移と呼んでいます。

錬金術の説明が、なぜ医者と患者の相互作用と関係があるかというと、医者が患者の個性化の過程、すなわち無意識と意識を統合して、より全体性を持った人格へと自らを深めていくプロセスの手助けをしていることと係わりがあります。医者の助けで患者が取り組む個性化のプロセスを象徴するイメージが、錬金術には豊富にみつかるからです。それは、錬金術師たちが一見、化学の実験を行っているようでいて、実は心の全体性の回復を模索していたためです。そこで、錬金術の示すイメージが心の深

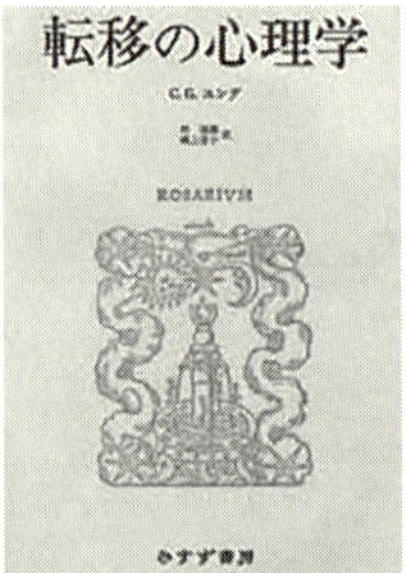


◎『転移の心理学』林道義・磯上恵子訳（みすず書房刊）

化のプロセスを表す象徴としての意味を持っていて、それは医師と患者の取り組む個性化の助けとなるだろうとユングは考えたのです。

この本は十個のイメージ図の解説で、個性化のプロセスをたどっていきます。私たちもユングに従って『哲学者の薔薇園』＊という錬金術の書物の十個のイメージの意味するところを知って、個性化のプロセスの深化の歩みの手掛かりを得たいと思います。

絵１　メリクリウスの泉

**＊『哲学者の薔薇園』**
一五五〇年にフランクフルトで出版された錬金術の書。薔薇園とは賢者の言葉の詞華集の比喩である。賢者の石を作ろうとした人々の導きの本として書かれた。

## 四者性、三者性へと降りて行き男と女の統合に至る

メルクリウスとは、ローマ時代以降のヘルメス神*の呼び名であり、錬金術の作業の象徴です。このメルクリウスの泉という絵は錬金術の象徴世界の中心へ通じていて、錬金術の「作業（オプス）」の根底にある秘密を描こうとしています。これは四角形をした四者性であり、四個の星が四隅に置かれています。下方の水槽は「錬金術の容器」であり、このなかで物質の変容が起こります。水槽は四角形と対立する意味で丸く描かれています。四角形のなかでは四元素が互いに押しのけ合っていて、そのため円のなかで統合されなければならないのです。泉の縁に書かれた銘文には、「鉱物のメルクリウス、植物のメルクリウス、動物のメルクリウス、これらはひとつである」と書かれています。メルクリウスは錬金術師が扱う金属の父であり、原人間であり、その体は宇宙です。メルクリウスが表すのは三者性です。全体性の最初の象徴は四であり、四は円と置き換えが利きます。続く三は男性的な数であり、次の二は女性性で、この両者の結合が一へ、すなわち「王の息子」、「哲学者の息子」と呼ばれる理想形に至ります。

**＊ヘルメス神**
ギリシア神話の妖精マイアとゼウス神の息子。旅や商い、盗人の神であり、いたずら者で発明の才を持つ。ヘレニズム時代、ヘルメス・トリスメギストス（三倍偉大なヘルメス）によって書かれたとされるグノーシス教の書「ヘルメス文書」が多数記され、後の錬金術に影響を与えた。

## 環になった泉にも似た秘教的メルクリウスは永遠の命

この象徴的な絵に描かれているのは、錬金術の全体的な方法と哲学です。それは、

無意識の心から生まれたイメージです。化学の実験をしながら探求者は無意識の元型へ降りて行き、元型が具体的なイメージに投影されることになるのです。すなわち水槽から上昇するメルクリウスの泉が、ふたたび同じ水槽に戻ることで完結した循環を成し、彼がおのれ自身を産み、殺し、呑み込み、再生する蛇の輪であることを表しています。出口がないのに再生する海の水は、対立物の一致を指しています。

絵2　王と王女

## 密やかな王と女王の結婚は対立物の結合の比喩

　続く王と女王の絵には、前の絵には描かれていなかった秘密が、すなわち矛盾する対立物の結合としての「太陽と月の結合」が描かれています。王と女王、花婿と花嫁は結婚するために共に描かれています。ここに近親相姦の要素があることは、兄妹であるアポロンの太陽とディアナの月が描かれていることからわかります。彼らは左手を差し出しているので、通常とは逆の、密やかな近親婚的な結合を指しています。

　彼らの右手は4＋1、すなわち五つの花で、この不吉な部分を補償しています。この四は四元素を指していて、鳩の咥える第五の花は第五元素の星です。この右手による結合で、五つの花と三本の枝からなる八者性を示しています。五は鳩によってもたらされ、三は三つの名を持つメルクリウスに対応しています。

　この絵には「自然の中に我々の術は生まれるのであり、それ以外のなかには決して生まれない」という銘文が書かれています。王と女王が錬金術師と異性的なもの、妹との無意識の交差を指し示し、この近親相姦的な聖婚はキリスト教の教義の上でもキリストと教会、花嫁と花婿、神と信仰者を表し、心理学的にはアニマとアニムスの結合を切望していることがわかります。これらは一見、結合しようとしている物質の比喩に過ぎません。錬金術師は両性の結合を物質のなかに探し求めています。けれども洞察力のある錬金術師は、この物質とは人間のことであると言っています。心理学的に言えば、彼らが探す両性具有の完全な物質とは、心のことだと付け加えるべきです。

## 常識の覆いを脱いだ裸体像　心の奥に一歩近づく

裸の真実という絵が次に続きます。王冠を被った裸の男女が、太陽と月の上に乗り、お互いに手に持った花で結びついています。この本には「神が誠実な心を認めたら、

PHILOSOPHORVM.

ſeipſis ſecundum ęqualitatē inſpiſſentur. Solus enim calor tēperatus eſt humiditatis inſpiſſatiuus et mixtionis perfectiuus, et non ſuper excedens. Nā generatiões et procreationes rerū naturaliū habent ſolū fieri per tēperatiſsimū calorē et ęqualē, vti eſt ſolus fimus equinus humidus et calidus.



絵３　裸の真実

神は自らの秘密を明かすだろう」という銘文が書き込まれています。このように道徳的な資質に訴えていることからわかるように、錬金術の作業は、心的で道徳的な歩みを意味していました。彼らは作業に道徳が必要だと理解していました。

けれども、それにもかかわらず、この絵には恥じらいが見られません。太陽は言います。「月よ、あなたの夫になりたい」。月は言います。「あなたの意に従いましょう」。二人をつなぐ鳩には「これは結びの霊である」と書かれています。二人は三つの花をそれぞれ持っています。もはや前の絵の八者性ではなく、六者性が描かれています。八者性から六者性への変化は、対立する二個ずつ（四）の要素の一部が結合したことで起こりました。今や男性性と女性性の対立が残るのみです。

さらに、心理学的に見ると裸の男女は因襲を脱ぎ捨て、偽りの覆いを取り去って、現実と向き合っていることがわかります。心はそれまで社会的な仮面に隠れていた自らの影を露わにしています。自我はこの影を意識化して自らに統合することで、全体性に近づきます。肝心なのは、人はどうやって自らの影と共存しながら、影が災難を生み出さないようにできるかです。けれども自らの影を知る者は、その危険も知っています。この絵の裸体は、近親相姦的な一体化へと踏み出します。対立物の結合という危険が暗示されます。

## 両性が浴槽深く身を浸し母胎の海へ回帰している

浴槽に漬かる王と女王の絵で、湧水を意味するメルクリウスの泉のモチーフに帰ります。ここでの液体は千の呼び名を持つメルクリウスです。それは今日、無意識的な心と呼ぶ神秘に満ちた心の実体を指しています。上昇する無意識の泉は王と女王に達し、彼らは浴槽の水に漬かるように体を沈めます。浴槽の「海」に漬かることは、

ROSARIVM

corrũpitur, neq; ex imperfecto penitus secundũ artem aliquid fieri potest. Ratio est quia ars primas dispositiones inducere non potest, sed lapis noster est res media inter perfecta & imperfecta corpora, & quod natura ipsa incepit hoc per artem ad perfectionẽ deducitur. Si in ipso Mercurio operari inceperis vbi natura reliquit imperfectum, inuenies in eo perfectionẽ et gaudebis.

Perfectum non alteratur, sed corrumpitur. Sed imperfectum bene alteratur, ergo corruptio vnius est generatio alterius.

Speculum

絵４　浴槽の水に漬かること

「溶解」を意味しています。

これは暗い初期の状態への、つまり胎児を包む母胎への回帰です。錬金術師たちは、彼らの求める石が母胎に宿ると述べています。「水とは殺し、かつ活かすものである」と彼らは言います。それは、洗礼の水でもあり、生まれ変わりが準備されます。水と油の特質を持った実体は、王と女王で表されています。生命あるものは、彼らによれば身体と魂と精神からできています。身体は女性的なもので、精神とは男性的なものです。その絆である魂は両性具有であり、太陽と月の結合であり、秘密を明かせば、メルクリウスこそが、そもそも両性具有体であります。

この絵の心理学的な絵解きを語ると、これが無意識への下降を表しているのは明らかです。水に漬かることは、象徴的な夜の航海です。夜の航海は一種のあの世への下降、意識の向こうの霊界への旅、すなわち無意識のなかに漬かることです。上の世界では兄と妹は鳩、すなわち聖霊によって結合していますが、浴槽に漬かることで下の世界でも結合を果たします。

この展開によって自然の原人間への下降のイメージが繰り返されます。それでもなお、王と女王は放射状の花をシンボルとして持っています。これは人格の全体性を保っていることを表しています。

**両性が長い心の旅を経て原初の海でついに抱き合う**

この結合の絵では、王と女王は原始状態の海へ帰っていて、そこで二人は抱き合っています。「妻は白く輝きながら、赤みを帯びた夫と愛し合った。互いに腕を絡ませ二人は溶けて、完成という目標に近づいていく。二つの体が一つのようになる」という銘文が書かれています。太陽と月の結婚、この結合の瞬間に奇跡が起こります。哲学者の息子と称される賢者の石*（ラピス）が生み出されるのです。結合の本来の意味とは、一者である結合体が生み出されるということです。男女の抱き合いを、「対立

**＊賢者の石**
中世ヨーロッパの錬金術師が鉛などの卑金属を純金に変えることができると考えた物質。

CONIVNCTIO SIVE
*Coitus.*

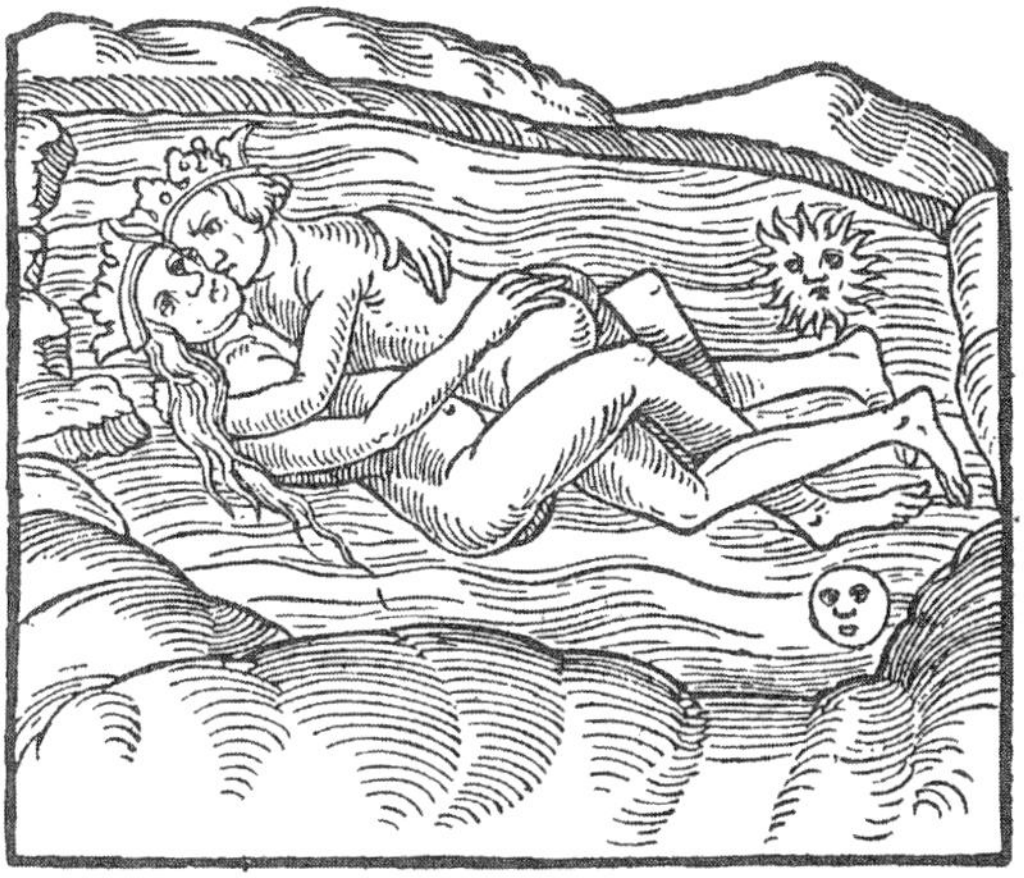

O Luna durch meyn vmbgeben/vnd susse mynne/
Wirstu schön/starck/vnd gewaltig als ich byn.
O Sol/du bist vber alle liecht zu erkennen/
So bedarfstu doch mein als der han der hennen.

ARISLEVS IN VISIONE.

Coniunge ergo filium tuum Gabricum dilectiorem tibi in omnibus filijs tuis cum sua sorore Beya

絵５　結合

物の結合」と理解すべきです。彼らはもはや花による結合のシンボルを手に持たず、自ら結合のシンボルとなったのです。異質のものが無意識で融け合うこの結合は、それまでの努力の目標です。心理学的に言えば、患者の固着したイメージの投影を医師が解消するのに成功した段階でもあります。心の病を解きほぐす作業には忍耐と時間が必要です。患者のイメージの研究で、ユングは錬金術のなかに埋もれていた心の背

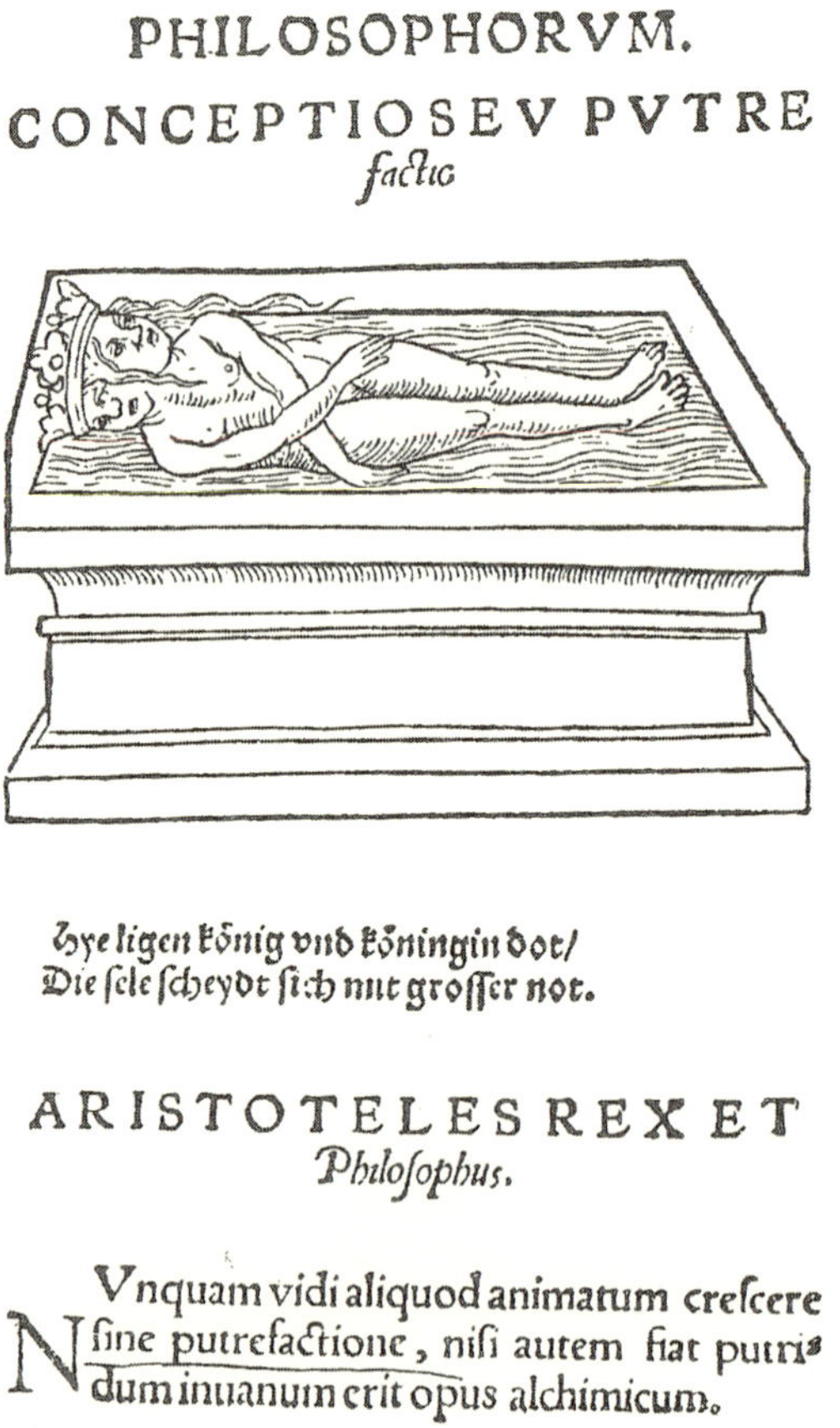


絵6　死

景から、無意識的な作用の意味が読み取れることに気づいたのです。

## 王と妻抱き合ったあと死に果てて両性具有の息子生み出す

錬金術の容器、つまり泉と海は、ここでは石棺と墓になっています。王と女王は死んで融け合い、双頭の人間へ成り果てました。生の宴のあとは、喪の嘆きの歌です。多くの神話がそうであるように、対立物の結合のあとには、死にも等しい停滞が訪れます。対立物が融合されるともはや流動性はなく、淀んだ池ができます。絵は腐敗および妊娠を表しています。「一方の解体は他方の産出を意味する」と書かれていて、この死が新たな生に通じる中間段階だと暗示しています。祝宴の後に残った屍体はすでに新しいヘルマフロディトゥス（ヘルメスと女神アフロディテの結合）、両性具有体であります。両性具有体とは錬金術師が求める賢者の石（ラピス）を指すので、それこそは作業が求める目的物です。けれどもこの石が生命を持たないことには作業は目的を達しません。

兄と妹の結合は一種の罪であり、そこで穢れが残るのです。婚礼の水浴とともに始まる下降は、死と闇の世界へ達したことになります。男女の無意識的な同一化が起こると、男性は女性の異性像を引き受け、女性は男性の異性像を引き受けようとします。人は自らの異性像と直面しなくてはなりません。全体性へ向かうものは、一種の死を経る必要があります。その人は自分を妨害するものに出会うからです。王と女王もアニマとして男性に立ちはだかるものと、アニムスとして女性を引き止めるものを表してもいます。壁としての死は、同時に両性具有の「哲学者の息子」を両性の結合の結果として生みます。

心理学的に言えば、意識がアニマとして人格化された無意識と出会うと、両者の結合した新しい人格が生まれます。それは自我ではなく、より全体的な自己と呼ぶことができます。自己はマンダラの円相のようなイメージで現れます。自己の統合、人格の全体性の回復は、人生後半の問題です。無意識が元型を通じて現れ、人格が深まる

絵7　魂の上昇

ときに自己の象徴は浮上します。

## 結合を終えた屍見下ろして理想を宿す子ども飛び立つ

続く「魂の上昇」では、王と女王の屍体をあとにして全ては溶け、魂は天に昇ります。一体となった男女から離れてたった一つの魂は故郷に帰ります。受胎したばかりの幼子である魂は、身体に宿るのではなく、上へ逃げて行きます。

これは心理学的には、治療の方向喪失というべき暗い状態です。集合的無意識が意識化された段階で、心の病が発症するかもしれないという危険な段階です。意識が無意識に沈みそうなこの状態は、アニミズム信仰の、霊魂の喪失の状態や、夢遊病の状態に似ています。医者は患者の夢の貴重な内容を、無意識過程の説明によって、つなぎ留めなくてはなりません。

治療は意識の強化を必要としていて、無意識の混沌を出てより高い立場で無意識を統合することが求められています。王と女王の死、錬金術の言う黒化*を経て、ホムンクルス（人造人間の童児）として描かれる魂は、「哲学者の息子」すなわち両性具有の原人間の前段階だとわかります。この図は内的体験の結晶となる神の子の元型が表現されていると言えます。

*黒化（ニグレド）
錬金術で物質を混ぜ合わせる過程で汚い色になる状態をいう。沈んだ瀕死の状態を指す。

## 雲間から滴り落ちる雨水は結合を経た分別の露

納棺された王と女王の結合した屍体の上から、天界の水が滴っています。滴り落ちる露はこれから起きる神の誕生の前触れです。この本では、大地の水は天の水によって白化、すなわち浄化されると言います。白化は日の出にたとえられます。それは闇のあとの光であり、暗黒化のあとの光明化です。闇の黒色は知恵の水、天界の露によって一掃されます。結合のあとの分別が、天界の露による浄化の意味するところです。

PHILOSOPHORVM

ABLVTIO VEL
*Mundificatio*

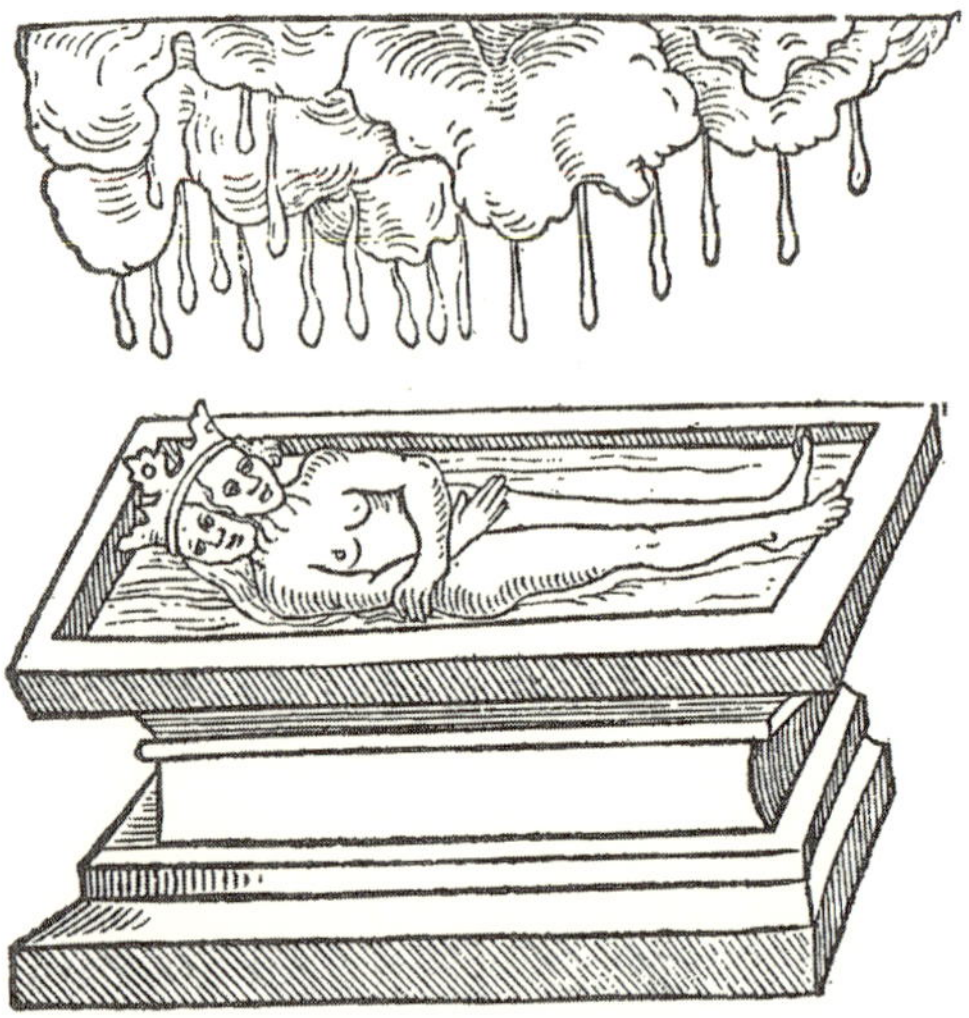

Hie felt der Tauw von Himmel herab/
Vnnd wascht den schwartzen leyb im grab ab.

K iij

絵８　浄化

錬金術の実践に続いて理論の習得がなされますが、理論を納得するための感情が、まだ欠けています。

心理療法はこの意味を知っています。患者は夢や空想を知覚すると、それだけで満足してしまいます。さらに空想の意味を頭で理解してしまうと、それで事足りたように受け止めます。彼らは無意識内容と感情的な関係を持つところへ踏み出せないのです。

感情による無意識内容の会得もまだ最終的なものではありません。賢者の石、すなわち個人の全体性の達成という第四段階がまだ残っています。天界へ上った魂が再び下降することが、天界の露の湿気によって予告されています。新しい光は、夜から生まれます。この光のなかで、対立物の結合とは何を意味していたのかが、明らかにされます。

## 人格を全体化する魂が苦難のあとで舞い降りてくる

両性具有の魂が、屍体にふたたび生命を与えるために天から帰ってきます。下方の二羽の鳥は、錬金術の知恵の象徴メルクリウスの二重性、すなわち大地的かつ霊的な本性を示しています。銘文には「灰を侮るなかれ、汝の心臓の王冠なればなり」ということばが書かれています。戴冠の図がこの挿絵として描かれていることから、浄化された屍体の復活が、同時にその栄光化を意味していることが分かります。天から降りてくる魂は、天から降臨する王を意味します。先行する死と昇華によって、身体が霊的な形を取り、新しい霊を宿します。

これらのイメージから、結合と身体の蘇りが、集合的な無意識のなかでの出来事だとわかります。対立物の結合は空想、夢、幻に現れる元型の呼び覚ますイメージです。意識と無意識の接近の極端な結果が、死になぞらえられる自我の解体です。錬金術師はこれを不浄と感じ、浄化を求めました。すなわち浄化は、混合状態から分別するこ

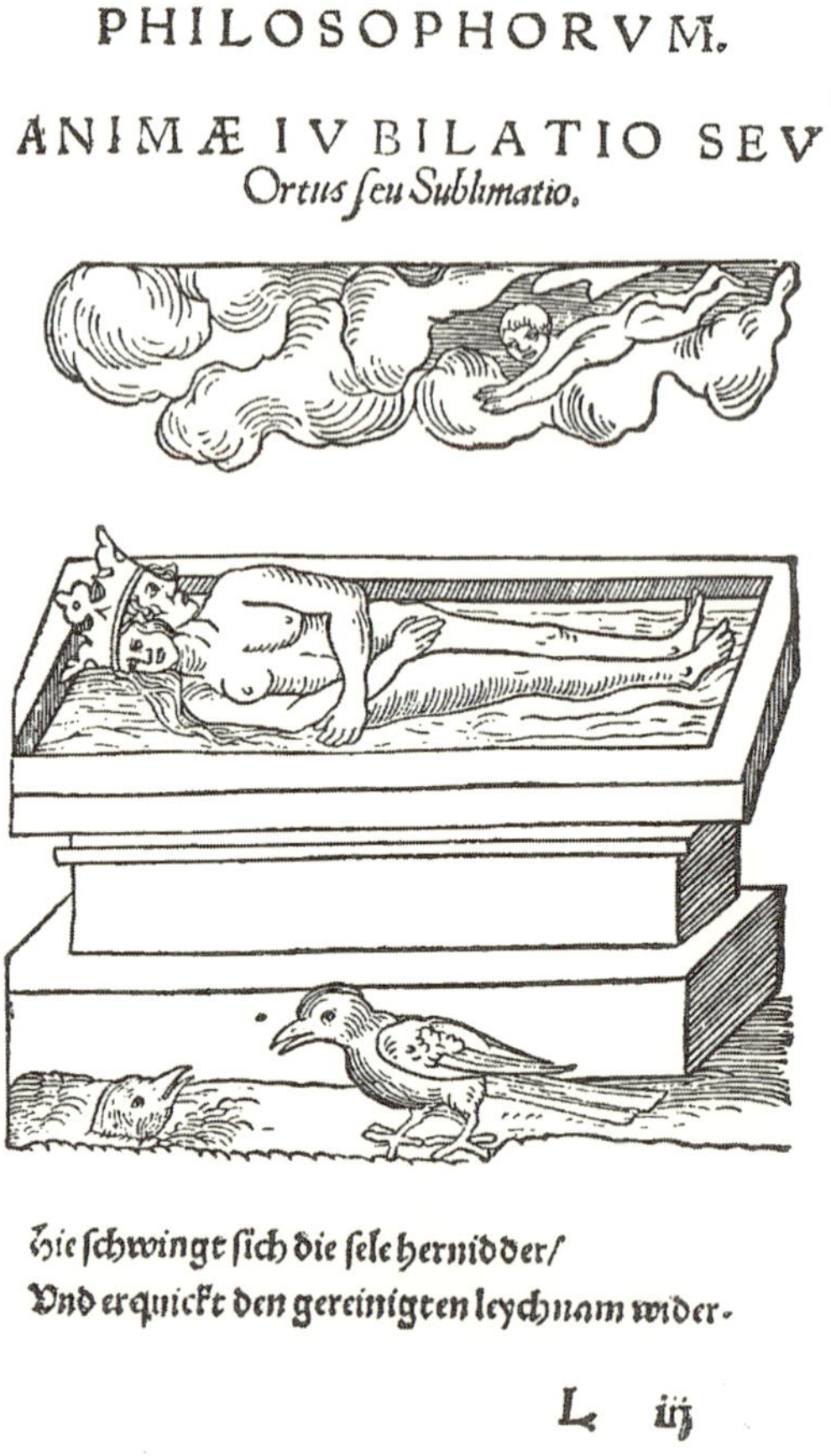


絵９　魂の帰還

とを意味しています。

　魂がふたたび身体へと降りてくること、すなわち無意識の意識への統合の過程が再開します。けれども無意識の統合は、自我が持ちこたえられるときにのみ実現します。『哲学者の薔薇園』は、復活するキリストのイメージと「多くの苦悩と責苦のあとで私は復活し、浄化され、穢《けが》れはなくなる」という詩句で締めくくられます。

## 蛇を持ち翼の生えたキリストは賢者の石で自己のシンボル

　一〇番目の絵では、錬金術の作業の集大成を表す哲学者の息子、両性具有の原人間である秘教的なキリストの降臨が描かれています。原人間キリストを指す物質、賢者の石は万物の根源であり、帰結です。錬金術師が、神の助けを借りるにせよ、不滅の物質を作り出すことを空想するのは途方もない思い上がりだと通常思われます。けれども、錬金術の書が言うところでは、探求者は賢者の石の師匠ではなく、その下僕です。ここから、彼が気まぐれな創作欲で行動しているのではなく、「石」によって作業へ向かわされていることがわかります。彼を導くその賢者の石とは、まさしく心理学が言うところの「自己」に他ならないと言えます。すなわち、錬金術の作業とは、心理学的には個性化、あるいは自己実現のプロセスに他なりません。両性具有の原人間は、意識と無意識が統合された自己、あるいは人格の全体性のシンボルです。

　ここに描かれた絵は、神格化された賢者の石を表していて、右半分が男性的で左半分が女性的です。この神は月の上に立っていますが、この月は「錬金術の器」を指しています。神の両翼は飛翔する性質、つまりは精神性を暗示しています。片手の三匹の蛇は三位一体を示し、もう一方の手の一匹の蛇は、それを補う聖母マリアを表しています。

正統のキリスト教のイメージが、霊と光と善から生じるのに対して、錬金術のイメージは、夜と黒と悪から生ずる秘教の両性具有体を理想とします。錬金術の教えの核

絵10　新たな誕生

心は、「人間の霊はこの深い領域において、対立物が一致するあの単純な状態へ昇ろうと努める」、すなわち人格の全体性を実現するための旅であると言えます。

ユングは個性化の過程へ向かう心理学の見方を、錬金術の作業の完成への手引きのイメージ図に当てはめて説明しました。ユングの導きに従って、錬金術の心理学的な意味の読み解きを紹介してきたのは、錬金術研究がユングの人生の晩年に至る後期の関心の中心であるためです。錬金術の研究は、個性化の過程でイメージを探求する流れのなかに位置づけられます。

# 『結合の神秘』

## 対立の錬金術の結合は全てをつなぐ宇宙を示す

ユングの最後の主著は、錬金術の心理学的な読み解きの集大成、『結合の神秘』でありました。錬金術的イメージ思考の特徴は、『転移の心理学』でその大枠を十分説明したので、ユングの数百の錬金術の本からの具体的例証をひとつひとつたどり直すのは控えておきましょう。

けれども、ユングが生涯の最後までこだわった結合の神秘とは何を意味していて、何を目指しているのか、そこの部分を押さえておこうと思います。

錬金術の作業のシンボルであるメルクリウスは、人が今日、集合的無意識と名づけているものの化身であり、具体化です。無意識はそのさまざまな表出を通じて、経験可能なものと言えます。夢を観察すると、何もかもが全て相互関係にあり、多様な現れの根本には統一が潜んでいるのが見てとれます。比較的明らかなのはイメージの祖

◎『結合の神秘』池田紘一訳（人文書院刊）

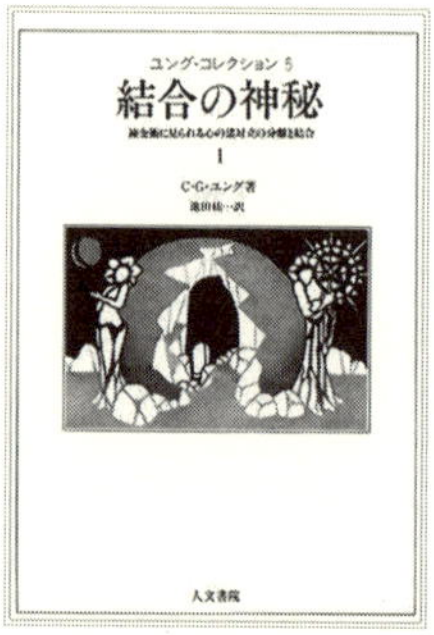

形である元型が、夢の奥にあるということです。

特にマンダラの象徴は元型たちを共通の中心点に集中的に集めようとする傾向があり、これはあらゆる意識内容を自分と関係づけようとする心の作用とよく似ています。マンダラは自然発生的に、それを知らない子どもや大人たちの夢や絵に出てきます。マンダラの意味するものは、無意識の中心形成作用のはたらきと言えます。

マンダラはその中心点によって、あらゆる元型と出来事の統一を示していて、「一なる宇宙」の経験的な象徴です。錬金術でこのマンダラに相当するのは、「賢者の石」とミクロコスモス（小宇宙）です。

「結合の神秘」とは宇宙の原形と宇宙の神的な無意識状態の回復に他ならないとすれば、この神秘が人を引き付けてきたのもわかります。宇宙の出来事は先天的な統一性を持っているはずで、一切の出来事は潜在的な一つの宇宙でつながっています。偶然的な出来事がある種のつながりを意識させる形で起こる、いわゆる共時性と言われる現象も、おそらく「一なる世界」と呼べるような世界のある統一的時空に由来しています。

メルクリウスはふつうにはアルカヌム、つまりは万能薬を指しています。精神的な統一だけでは賢者は生まれず、精神性と物質性の内なる結合によって、「一なる宇宙」つまり宇宙の潜在的な時空と交われる賢者の種が示されます。

結合の神秘の完成は、精神、魂、肉体の統一が原初の宇宙と結びつくことで実現します。キリスト教的に言えば、父と子と聖霊、精神と魂と霊の三位一体に、聖母マリアという肉体性を加える聖母被昇天の教義に相当すると言えます。錬金術師たちは対立する物質の結合のなかに一なる宇宙の実現を夢見ていましたが、現代人はこのように化合物のなかに真理が隠されているとは考えません。それが、心の投影であることを知っているからです。

## 目指すべき対立物の結合は賢者の石が示す個性化

一六世紀にはすでに、ゲラルドゥス・ドルネウスが、化学の結婚の心理学的側面を見抜き、今日、人が個性化の過程と呼んでいる人格深化の中身をはっきり理解していました。

結合の象徴表現では結婚のシンボルが主流でしたが、それだけでは不十分で、あらゆる分野の結合が比喩として用いられていました。ドルネウスは内的統一を、肉体の克服による対立の融和と言いました。けれども錬金術は、肉体と精神の融合も含めた、さらなる高次の結合を目指しています。完全に統一している結合物、賢者の石は精神的でもあり、物質的でもあり、生きながら死んでいて、男かつ女であり、老いていて若く、善悪併立的で、被造物かつ地上の神を意味していました。

賢者の石についての錬金術師たちの発言は、心理学的には「自己」という元型を描写しています。これは、マンダラ的な円相や四者性の象徴で、人の夢や宗教に現れます。自己は対立物の結合である「神イメージ」となって、聖性の核として人格の成長を促します。

# 第六章　共時性と自己

## 『自然現象と心の構造』

### 人生が袋小路を抜けるとき共時性かつ偶然が起こる

『結合の神秘』でも全てがそこで起こる潜在的な現実、一つの宇宙が現実の背後に渦巻いていて、そのため一見かけ離れた出来事がある種のつながりを持って起きることがある、すなわち意味のある偶然の一致は、潜在的現実の表面化であるという考えが表明されていました。ユングはその共時性と言うべき現象を何とか証明しようとして、物理学者のパウリとの共著で、この『自然現象と心の構造』という本を書きました。

共時性、すなわち意味のある偶然の一致を、何とか科学的にも認めてもらおうとして、ユングはこの本でかなり苦戦していると言えます。

ユングがその中で挙げたいくつかの例を手掛かりに、ユングの言う共時性とは何かを考えてみたいと思います。

ユングが言うには、共時性の問題は一九二〇年代半ばからずっと長い間、ユングを

◎『自然現象と心の構造』C・Gユング　W・パウリ著／河合隼雄・村上陽一郎訳（海鳴社刊）

悩ませてきました。そのころユングは集合的無意識の研究をしていましたが、単に偶然の組み合わせとか、度重なりとして説明できない出来事の一致に出くわし続けていました。それはとても偶然に起こったとは思えないような、偶然の一致です。

## 転機の日黄金《こがね》の虫を夢に見た話の途中黄金虫来る

たとえば、ユングが治療していた若い婦人は、心の転換期に、自分がスカラベ（黄金虫の一種）を与えられる夢を見ました。彼女がユングにこの話をしている間、ユングは閉じた窓を背にして座っていました。突然ユングの後ろで、優しく窓を叩く音がしました。振り返ると一匹の虫が外から窓ガラスをノックしていました。ユングは窓を開けてその虫が入ってくるのを宙でつかまえました。それは西欧でスカラベに最も近い黄金虫でした。虫は光を好むのですが、この時はなぜか暗い部屋に入りたがっていたのです。これがユングの言う共時性の代表的な例です。

## 葬式の不吉な鳥の前兆で夫が世を去る不安が当たる

別の例を見てみましょう。ある五十代の患者の妻が会話の際、自分の母や祖母の臨終のとき、何羽かの鳥が霊安室の窓に群がったということをユングに話したことがありました。ユングはそれと同じような話を他の人々からも聞いて知っていました。彼女の夫の治療が終わりに近づいたとき、ユングが思うには、心臓病のような症状が出ていました。病院に行ってまもなく心臓医に診せたところ、異常はないと言われて帰宅する途中、夫は道で倒れました。彼が瀕死の状態で家に運ばれたとき、彼の妻はすでに激しい不安に襲われていました。なぜなら、夫が医者のところへ出かけた後すぐ、鳥の一群が家に降り立ったからです。彼女は当然のことながら、自分の親族の臨終のときに起こった同様の出来事を思い出して、最悪の事態を予感していたのでした。

これらの特異な状況は、通常ありえないという点で一致しています。スカラベを夢で見た患者は治療が行き詰まっていて、出口がないように見えていたので、自分がなすすべもない状況にいるのがわかっていました。このように追い詰められたとき、自分が思いつかないような出口を用意する元型的な夢を見たりします。いったん出口がみつかると、無意識のより深い層が活気づけられて、人格の深化は軌道に乗ることができます。

不吉な鳥の例では、死が迫っていることの半無意識的な恐怖と怯えがありますが、そのことを意識的に知ることはできませんでした。

共時性は、ある心の状態が、そのときの当事者の状態に意味深く対応するように見える外界の出来事と同時に起きることを意味します。スカラベの場合、同時性はそれとわかりますが、不吉な鳥の場合は、この婦人の無意識は危険な雲行きに感づいていたのではと思われます。その意味では鳥の群れと夫の死の間には、同時性があると言えます。

これらの例で、その時点では知りえないような状況についての知識が人にはあると思われます。そこで共時性には次のような特徴を挙げることができます。ひとつには、ある無意識の像が直接的、または間接的に、夢、予感の形で意識に入ってきます。ふたつめには、ある外界の事実がこの内容と偶然に一致します。どのようにして、前もって無意識的な像や予感が湧き起こり、どのようにして偶然の一致が生ずるのかという問題が生じます。ユングは結論的に次のような考え方を示しています。

## 永遠の潜在的な現実が共時性には働いている

不変の秩序、すなわち目に見えない力が変化するものを、永遠性のパターンに沿わせます。この秩序（永遠の定め）のなかでは、時間的に同時でないものは、時間の外で同時的に起こります。この世の時系列の出来事は、永遠の世界では時間の外にあります。

そこで、空間、時間、原因と結果の物理的な連鎖と並んで、全てがそこで起こる潜在的な現実、一つの宇宙と言うべき時空を考えに入れることが必要だとユングは力説します。その潜在的な現実は、共時性を一つの自然現象として数えることを許すだけでなく、偶発性を永遠と現在をつなぐ糸として、人の心と共鳴するものだととらえ直す鍵となるというのです。

ユングは途中、占いの的中率なども交えて、この共時性の科学的な説明に苦心しています。大切なことは、意味のある偶然の一致が人生の転機や、心の個性化のプロセスの大切な瞬間に、心と外界が共鳴するように起きるということ、その理由としては、永遠の相のもとで全てが繋がっている潜在的な時空が、この世界の背後にあるとユングが考えていたという事実です。

# 『アイオーン』

## 無意識と意識をうまく統合し深みに降りて自己に近づけ

アイオーンとはギリシア語で長い時や永遠を指す語です。またグノーシス教では、永遠の人格化として低次から高次の霊を表しています。この本の中心的テーマとなるのが、過去と現在を貫く永遠の「自己」の元型とその象徴です。

ユングは意識の深みに降りていくと、影、異性像アニマとアニムス、それから自己の元型と出会うと言っています。

自己というのは、言い換えれば、ユング心理学の中心的な課題、個性化の過程という人格の深まりの実現の歩みの到達点を表す最も重要なキーワードです。

それは異性像アニマとアニムスの結合、意識と無意識の統合、善と悪の相補性、錬金術の求めた結合の神秘といった、ユング心理学の全てを結ぶ集大成的な概念です。

その自己という元型に、ユングはマンダラの象徴と錬金術の読み解きを通じて、長

◎『アイオーン』C・G・ユング　M・L・フォンフランツ著／野田倬訳（人文書院刊）

年にわたって近づいていきました。それがいちばんまとまった分量で語られているのが、この『アイオーン』という比較的晩年の著作です。

ですから私はこの『短歌で読むユング』のまとめとして、自己を論じる『アイオーン』をあえて最後に並べて、その内容を紹介していきます。

自己について、ユングはこう話し始めます。

意識に同化されていく無意識内容がより多く、重要であればあるほど意識はそれだけ人格の全体性、すなわち自己に近づくことは確かです。けれども自我肥大、あるいは誇大妄想を避けるには、自我と無意識像との間に明確な一線を引かなければなりません。そのためには、自我の立場を守りながら全体的な「自己」に対して、自律性と実体を認めてやる必要があります。自我が無意識に吸収されてしまうのは、心の破局と言えます。

全体性のイメージは、無意識の根深い性質に由来していて、無意識界に保たれているかぎり時空を越えています。この性質は神的であり、自我に強く影響を与えます。自我は個別的で、限られた時空に築かれています。そうでないと、自我は危険にさらされます。

それゆえ、自我が意識のうちに留まって妄想に乗っ取られないこと、現実に適応していることは必要不可欠です。道徳的には注意深さ、良心、忍耐力をそなえ、知的には無意識の兆候に注意を払って、自己批判することが必要です。

心のなかの異性像アニマ・アニムスは、一般に周囲の人間に投影された形でしか現れません。自己はどうかと言えば、個人の手の届かない範囲外にあり、そもそも姿を現すにしても、宗教的な神の似姿としてしか現れません。しかも自己を表す象徴は、最高から最低まで多種多様にわたっています。心の昼の部分を自分だと思っている人は、大きな誤解を抱いています。全ての意識は無意識に基づき、それに根差していて夜ごとに無意識を生きているのです。

自我が無意識に乗っ取られる危険性、自我が無意識を等閑視する危険性、この両方をわかっていることが、人格の統合に不可欠な前提です。心的内容は知的にとらえられるだけでなく、感情からも理解されなければいけません。物事を知的にだけでなく価値としても受け入れようとする人は、アニマやアニムスと直面しなくてはならず、それからより高次の結合、対立物の統一を実現できるのであって、この結合こそは、人格の全体性、すなわち自己の実現に不可欠な前提となるのです。

## 四者性、マンダラなどで現れる全体性が自己の核心

自己、すなわち人格の全体性という考えは、一見抽象的に思えます。ところがこの全体性は、心のなかに自発的で自律的な象徴という形で先取りされる、経験に基づく心の目標です。四者性象徴やマンダラ象徴が人格の全体性の象徴であって、この象徴について何も知らない現代人の夢に姿を顕わしますが、多くの時代や多くの民族の歴史的な象徴にも幅広く見出されます。一にして全てであるものとしてのこれらの象徴の重要性は、十分裏づけられています。一見、抽象的に思われるものが、実は夢や絵に出てきて自発的に、先天的に心に内在していることがわかります。

## 一にして全てのものを指し示す自己は心がたどり着く価値

一にして全てであるものは、客観的な価値基準の最高に位置します。なぜならその象徴は、神の似姿と、もはや区別できないからです。つまり、神の像について言われる全てのことは、全体性を表す経験的な象徴にも当てはまります。観察によれば、個人的なマンダラ＝円相は秩序を表す象徴であり、主として患者が心的に行き詰っているときや、出直しを図っているときに現れます。マンダラは心の闇の世界の無法な力を祓い鎮め、混沌を統一した宇宙へと変える秩序を描き出し、産出します。長い期間の変容を経て、このマンダラ象徴の全容が理解されるようになります。それが知的理解にすぎないならば、それほど難しくありません。けれどもそこで実際に手に入れたのは、単なる名前にすぎません。その事実に人がどのくらい心を動かされているか、その人にどれほど意味を持っているかがより重要なのです。人格の影、老賢者とアニマの組み合わせ、自己といった元型は、実際に経験されないと理解できません。

自己は、経験的に確実な性格によって、一にして全てのものという究極の心の求心力だとわかりますが、この神の似姿は、一神教に顕著な象徴で示されます。現代人の日常と、宗教が示す天使や奇蹟や死者の蘇りを結ぶのは、夢においてです。ヨーロッパ人の魂に太古性が欠けているのではなく、無意識の声の受け皿が現代社会では欠けているのです。

中世の日本などでは、夢のお告げによって無意識に触れるということが普通に行われていました。現代では、例えばインターネットの占いをみても無意識の適切な受け皿が失われているように思えます。情報はあふれていますが、それを受け止める内面の引き出しが足りないのです。心の深層とつながるイメージ思考の復権が求められています。

## ◎キリストと自己の象徴

### 胸を打つ神の面影キリストは内なる自己の具現した像

キリスト教の世界観では、キリストは明らかに自己を表しています。自己を個性化の最高形態として見る場合、この自己の象徴には、一回性と唯一性が加わります。けれども心理学的に見ると、自己は個々の宗教をこえた考えとして、意識内容と無意識内容の総和を表現しているので、二律背反の形を取ります。つまり、一回性であると同時に永遠であり、唯一性であると同時に普遍的だと言えます。これは、単に心理的な自己だけに限らず、教義的なキリストの二面性も表しています。キリストは歴史上の人物として一回的で唯一の人物であり、神としては普遍的で永遠であります。個としての自己は一回的で唯一ですが、元型としての自己は普遍的で永遠的です。

神学はキリストをもっぱら善であり、霊的だとしています。心理学的にはもう一方で、悪い、冥府的な、自然のままの者が生まれざるを得ません。それがまさに反キリストです。これを加えてみると、自己とは、霊的でかつ物質的、善にして悪も含み持

◎〈夢のお告げによって無意識に触れる〉……石山寺縁起絵巻に描かれた図。格子の向こうに夢の内容が描かれ、手前に眠る人々がいる。石山寺は夢のお告げを得るための寺であることを示している。

つと言えます。この四者性は心理学的な自己の特徴を示しています。全体性を表す四者性は、明るい面と暗い面を必要とします。それは自己が男女をあわせ持つのと同じです。このように個性化とは、神秘的合一＝結合の神秘にほかならず、自己は対立物の結合として体験され、マンダラのなかで対立を含む全体性として描かれるのです。

マリアの息子イエスが個別化の原理であることは早くから言われてきました。神学者バシレイデスによると、無定形のままで取り残されていた神の子の身分全体が、個別化を必要としたので、イエスも個別化に従った、と述べられています。心理学的には、受難によって神と人が意識化されたため、イエスは手本であり、目覚めさせる人であるという点が注目されます。これは、無意識的な人間性にはイエスという手本に当たる潜在的な萌芽が宿っていると受け取れます。このような見方には夢見る人の意識には自己という考えが全くなくても、夢のなかには自己の元型的イメージが現れるという事実に一致します。

さらに、キリストと自己とが似ているとユングが認めるのは、心理学上の問題であるということです。キリストと魚が似ているのは神話学上の問題であるのと同じことです。それは信仰に介入することではありません。古代人は魚のシンボルでキリストを言い当てたと信じました。錬金術師たちには、キリストと賢者の石の類似を認めたことで、秘密は解き明かされたように見えました。魚のシンボルも賢者の石も力を失いましたが、現代ではキリストとは石の不思議を人格化したものではないかという意見も出ています。ここには、キリストを内面的体験に引き入れ、キリストを全人格性として見直すという展開が認められます。またキリストのあらゆる特徴を備えた元型的内容が症例として見られるという心理学の証言もあります。

ユングはキリストが自己のシンボルであるという立場に立っています。どのようにして伝統的なキリスト像がある元型の性格を自分へとまとめ上げるか、と考えたとき、その元型こそが自己の元型なのです。心理学上の元型は広くみられる生きた心の事実にかかわっています。そうなると、歴史上のキリストよりも、現存する元型のほうに重点をかけるのは当然です。人が自己を行為の本体とみて、キリストを自己のシンボルとみなすとき、キリストの完璧さと自己の完全性は違うことを考えに入れなくてはいけません。キリスト像は信仰上ほぼ完璧でありますが、自己の元型は負の部分を含んでいます。

自己の元型とはひとつの逆説です。ことばを絶するもののひとつの表現です。自己が優れたものと認められたなら、続いて求められる自己の実現には重大な葛藤があります。対立関係の間に位置し、全体性へ通じてはいるものの、負の部分を含むという意味で完璧さを欠いているからです。善をなそうと思う自分には、いつも悪がつきまとっているという法則があるのです。この事情にキリスト像は一致していて、キリストは完璧な人であるとともに、十字架にかけられた人でもあります。

自己とはイエス個人のような歴史性を欠く、一種の心的モデルであり、無意識が自発的に全体性の元型のイメージを生み出すという経験に沿った指標です。この類いの元型は全世界的に広がり、一種の畏怖作用を備えていると言えます。無数の事例があり、心理学的報告も多くあります。このシンボルは求心的で、最高の意味が心理学上与えられています。それはまさに、この自己が対立物の統合を表しているからです。

自己の元型が心理上、優勢である時、キリスト教の十字架のシンボルで表現されているある葛藤状態が人に生じます。個性化や全体性や完全性の自覚を、その人の目標だと考える場合、キリスト教の立場から本質的な反論はできないと思えます。キリスト教を指標として個性化を進めるなら、完全性の負の部分に気をつけて歩むことができます。

キリスト教の人間の善性と罪の対立は、ある意味で当然の帰結です。それは旧約聖書に端を発しています。現代の世界の出来事は、人類を統一できないような敵味方に引き裂いていますが、このような状況を心理学に当てはめてみると光が差します。内に抱えた悩みが意識化されない場合、それは運命という形で外部に生じることとなります。意識が硬直化して、自分の内部の対立を意識しない場合、外の世界がその葛藤を映し出し、分裂した形で人に降りかかってきます。

ユングは、自己を私たちの知見にとって最も重要な元型だと言っています。

心の奥をのぞき込むと初めに出会う元型は影ですが、無意識的人間つまり影は道徳上、後ろめたい性質だけでできているのではなく、影には優れたいい特質もみつかります。健全な本能、現実的な反応、創造的な衝動が認められます。そうなると悪も心の無警戒な誤用だと思われてきます。心の異性像アニマ・アニムスにも挑発的な悪の要素があります。その先に現れる自己というのは、対立物の融合体であります。対立のない現実はなく、善悪は意識の要請で分化するので、人智を超えたところでは尺度がわからない性格のものです。対立の結合は錬金術師たちの目指すところでありました。彼らの目的である賢者の石は、容易に自己のシンボルだと認めることができます。

## 全体を回復させる自己という灯りが照らす深みへ降りる

心理学的に見るならば、自己とは意識と無意識との統合です。それは、心の全体性を表します。経験的には、自己は特別なシンボルとなって登場します。それが全体性だと言えるのはとりわけマンダラやその変形として現れる場合です。これらのシンボルは、神のイメージであると認められます。現代では意識と無意識に亀裂が生じ、人は世界観の喪失の危機に瀕しています。このような亀裂を橋渡しするために、意識と無意識の統合による心の全体性の回復、言い換えれば個性化の歩みが必要とされています。心の深化の最終段階において、人は自己という人格の全体性の回復の元型と出会い、無意識と意識の結合の過程へと降りていくのです。ユングの心理学は、単に学問であることに留まらず、道に迷った現代人の心の案内役として、人生の旅に寄り添っているように、私には思えます。ユングは暗がりのなかで手を引いて、無意識の扉の鍵を私たちに手渡してくれる、稀有な人物だと強く感じられます。

# あとがき

この本で、ユングの思想を、短歌を道しるべとして概観することができた。

私は哲学史やギリシア神話を専門としているが、それと並行して、いつもユングの書を友としていた。合理的なことわりを追うことからはみ出した、夢や心の暗部を考える指針として、ユングの心理学を貪るように読んでいた。どうも、哲学の背後にも、無意識的な心の水脈がほとばしっていて、人の考えを突き動かしているところがあるのではないか。

私はもともとバシュラールのイメージの哲学から出発しているので、そういう思いは絶えずついて回った。哲学と神話を橋渡しするのが、ユングの言う集合的無意識だった。

本書を書く際は、ユングの膨大な著作を前にして戸惑いを感じ、どうやってこの学説を読者にも伝わるように消化していけばいいのか途方に暮れていたが、実際に書き終わってみると、ユング心理学の学説の足取りが確かめられて、ユングの心の深化の過程をある程度、見通せるようになったと感じている。

同じ話題が繰り返し出てくるという問題があったが、その必然性は通して読むとわかっていただけると思う。

取り上げる本を数多くの著作のうちから選ぶ基準としたのは、ユングの学説の形成のなかで、特にエポック・メイキングな、ユングらしさのよく出た作品かどうかという点だ。

ただ、思想家としてのユングを中心に追いかけたために、臨床的な心理療法家の部分を前面に出して論じられなかった。また、あまりに煩瑣《はんさ》で膨大すぎる錬金術のシンボルの実例を丸ごと取り上げるのは、読者の皆さんが却って混乱してしまう恐れがあるので、思い切ってあきらめ、『転移の心理学』の実例を丁寧に説明することで、錬金術の実例の全体を代表させることに留めた。

夢判断や相談者のヴィジョンの症例があまりに多くても読者が困惑すると思われるため、『ヴィジョン・セミナー』という大著の紹介や、『夢分析論』などは割愛した。『ユング自伝』の内容もユングの人生と内面を知るには興味の尽きない本だが、本書の初めの部分でユングの人となりを伝えるために、いくつかのエピソードを紹介するのに限った。

学説の流れを中心に取り扱ったため、その生涯の私的な部分に話が及ぶことが少なかった。別の機会に挑戦したい。

本書を書くにあたっては、ユングの翻訳書に基づいている。ユングの原典の翻訳をした方々には、心から敬意と感謝の意を表したい。

また多くのユングの参考文献から、大きな示唆を与えられた。これらの著作の執筆者の方々にもお礼を申し上げたい。

最後に石塚純一さん、田畑書店社長の大槻慎二さん、同編集部の今須慎治さん、その他の方々に謝意を表したい。

山口拓夢

# 参考文献

## ユングの著作


『ユング自伝』I 河合隼雄、藤縄昭、出井淑子訳（みすず書房　1972）
『ユング自伝』2 河合隼雄、藤縄昭、出井淑子訳（みすず書房　1973）
『自我と無意識』松代洋一、渡辺学訳（第三文明社　1995）
『変容の象徴』上　野村美紀子訳（筑摩書房　1992）
『変容の象徴』下　野村美紀子訳（筑摩書房　1992）
『分析心理学』小川捷之訳（みすず書房　1976）
『元型論』林道義訳（紀伊國屋書店　1999）
『タイプ論』林道義訳（みすず書房　1987）
『赤の書』【テキスト版】ソヌ・シャムダサーニ編、河合俊雄監訳
河合俊雄、田中康裕、高月玲子、猪股剛訳（創元社　2014）
『赤の書』【図版版】（創元社　2018）
『個性化とマンダラ』林道義訳（みすず書房　1991）
『現在と未来』―ユングの文明論　松代洋一編訳（平凡社　1996）
『創造する無意識』―ユングの文芸論　松代洋一訳（平凡社　1996）

『ヨブへの答え』林道義訳（みすず書房　1988）
『心理学と宗教』村本詔司訳（人文書院　1989）
『転移の心理学』林道義、磯上恵子訳（みすず書房　1994）
『結合の神秘』Ｉ池田紘一訳（人文書院　1995）
『結合の神秘』Ⅱ池田紘一訳（人文書院　2000）
『自然現象と心の構造』Ｗ・パウリ共著　河合隼雄、村上陽一郎訳（海鳴社　1976）
『アイオーン』Ｍ―Ｌ・フォン・フランツ共著　野田倬訳（人文書院　1990）

## その他参考文献

『エセンシャル・ユング』アンソニー・ストー編著　山中康裕監修
菅野信夫、皆藤章、濱野清志、川嵜克哲訳（創元社　1997）
『ユングの生涯』河合隼雄（第三文明社　1978）
『ユング心理学への招待』ユング全集ツアーガイド　ロバート・Ｈ・ホプケ著
入江良平訳（青土社　1995）
『無意識の扉をひらく』林道義（ＰＨＰ研究所　2000）
『心のしくみを探る』林道義（ＰＨＰ研究所　2000）
『心の不思議を解き明かす』林道義（ＰＨＰ研究所　2001）
『明恵　夢を生きる』河合隼雄（講談社　1995）

田畑書店

# 短歌で読むユング

2019年4月15日　印刷
2019年4月25日　発行

著者　山口拓夢《やまぐちたくむ》

発行人　大槻慎二
発行所　株式会社 田畑書店
〒102-0074　東京都千代田区九段南3-2-2　森ビル5階
tel 03-6272-5718　fax 03-3261-2263
装幀・本文組版　田畑書店デザイン室
印刷・製本　シナノ書籍印刷株式会社


ISBN978-4-8038-0359-4 C0095
定価はカバーに表示してあります
落丁・乱丁本はお取り替えいたします

# 短歌で読む哲学史

## 山口拓夢

短歌で哲学を詠む？　その破天荒な試みがもたらした絶大な効果！……本書は高校生から読める「哲学史」を目指して書き下ろされた。古代ギリシアのタレスからアリストテレスまで、また中世神学、カント、ヘーゲルからドゥルーズ＝ガタリまで、一気に読ませると同時に、学説の丁寧な解説により哲学の醍醐味を十分に味わうことができる。そして本書の最大の魅力は、短歌の抒情性と簡潔性が複雑な西欧哲学の本質に見事に迫り、そのエッセンスを摑んでいること。本書に触れた読者はおそらく、まるで哲学の大海原に漕ぎ出す船に乗ったかのような知的興奮と醍醐味を堪能するにちがいない。

定価：本体 1300 円＋税

田畑ブックレット